BuddhAll

BuddhAll.

All is Buddha.

BuddhAll

佛法常行經典系列⑧

解深密經
大乘密嚴經

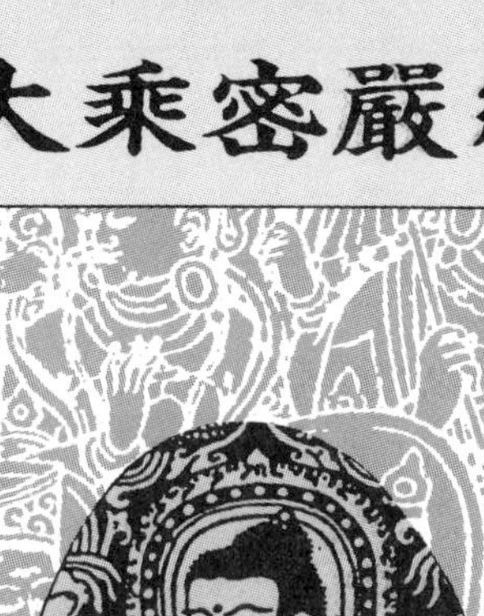

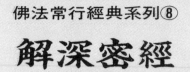

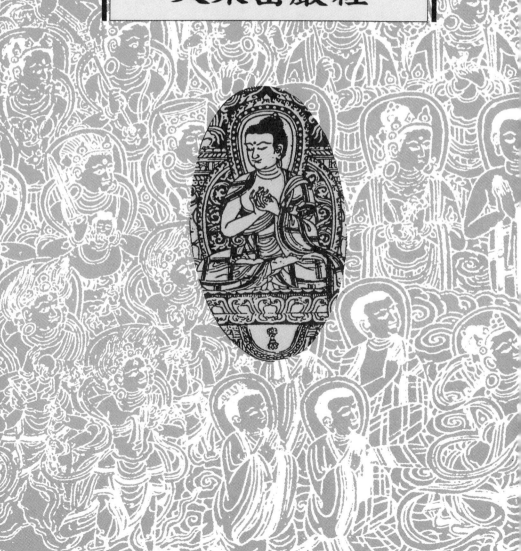

佛法常行經典的出版因緣

佛法常行經典是承繼著佛菩薩經典及三昧禪法經典之後，再編輯的一套佛經系列，希望與前述的兩套經典一般，能夠帶給大眾佛法的甚深喜樂。

常行經典的編輯有兩個方向：一是普遍，本系列所選編的經典是全體佛教或各宗派中，必備的常用經典。二是精要，這些選編的經典不只普遍，而且涵蓋大乘佛法的各系精要，是每一位佛教徒都應該仔細研讀的根本經典。因此，我們除了有些常行經典，如《金剛經》、《心經》、《維摩詰經》等等，已在其他系列中編出，以及部份經典如《華嚴經》、《大寶積經》等，本身可以單獨成套之外，大都匯集於此處出版。

另外，這一套經典的產生，也可以說是教界大德與讀者催生的結果。因為我們開始推出一連串的經典系列，原本是為了推廣佛經閱讀、修持的新運動，希望使佛經成為我們人間生活的指導書，而不只是課誦本而已，並且圓滿「生活即佛經，佛經即生活」的目標。我們認為在這機緣的推動之下，以前可能只有百人完整閱讀過的佛經，會變成千人，乃至萬人閱讀，並使經典成為生活中的內容。而且在我們的編輯策劃下，當一個人他想要依止一位佛、菩薩或一類法門修持時，他只要隨時攜帶一本編纂完成的經典，就可以依教奉行。如果這種方式推廣成功的話，實在是一場閱讀與修行的革命，能使生活與佛法完整的結合。因此，雖然大眾十分訝異於我們竟然有勇氣去推動這麼艱難的工作，但是我們的心中只有歡喜。

也因為這樣的理念，剛開始時，許多常行的流通經典，並沒有列為第一波出版計劃。但是教界大德與讀者們，卻十分期望看到我們編輯這些常行經典的成果，並且能再予普遍推廣。對於他們的肯定，我們心中十分感激，並且從命編出。

正如同《法華經》中所宣說的：偉大的佛陀是以一大事因緣出現於世間，這一大事因緣就是要使眾生開、示、悟、入佛陀的知見。也就是說：佛陀出現於世間的真正目的，就是要我們具足佛陀的智慧，與他一樣成為圓滿的大覺如來。佛陀的大慈大悲深深的感動著我們，也讓我們在半夜之中觀空感泣。佛陀的大願，是那麼廣大，微小的我們要如何去圓滿佛陀的心願呢？現在我們只有用微薄的力量將具足佛陀微妙心語的經典編輯出來，供養給十方諸佛及所有的大德、大眾。

佛法常行經集共編輯成十本，這些經典的名稱如下：

一、妙法蓮華經、無量義經
二、悲華經
三、大乘本生心地觀經、勝鬘師子吼一乘大方便方廣經、大方等如來藏經
四、小品般若波羅蜜經
五、金光明經、金光明最勝王經
六、楞伽阿跋多羅寶經、入楞伽經
七、大佛頂如來密因修證了義諸菩薩萬行首楞嚴經
八、解深密經、大乘密嚴經

九、大毘盧遮那成佛神變加持經
十、金剛頂一切如來真實攝大乘現證大教王經、金剛頂瑜珈中略出念誦經
我們深深期望透過這些經典的導引，讓我們悟入無盡的佛智，得到永遠的幸福光明。
南無　本師釋迦牟尼佛

凡例

一、關於本系列經典的選取，以能彰顯全體佛教或各宗派中，常用必備的經典為主，期使讀者能迅速了解大乘佛法的精要。

二、本系列經典係以日本《大正新修大藏經》（以下簡稱《大藏經》）為底本，而以宋版《磧砂大藏經》（新文豐出版社所出版的影印本，以下簡稱《磧砂藏》）為校勘本，並輔以明版《嘉興正續大藏經》與《大正藏》本身所作之校勘，作為本系列經典之校勘依據。

三、《大藏經》有字誤或文意不順者，本系列經典校勘後，以下列符號表示之：

㈠改正單字者，在改正字的右上方，以「＊」符號表示之。如《大乘本生心地觀經》卷一〈序品第一〉之中：

披精進甲報智慧劍，破魔軍眾而擊法鼓《大正藏》

披精進甲執智慧劍，破魔軍衆而擊法鼓《磧砂藏》

校勘改作為：

披精進甲*執智慧劍，破魔軍衆而擊法鼓《大正藏》

㈡改正二字以上者，在改正之最初字的右上方，以「*」符號表示之；並在改正之最末字的右下方，以「☆」符號表示之。

如《小品般若波羅蜜經》卷五〈小如品第十二〉之中：

我等要當令母久壽，身體安隱，無諸苦患、風雨寒熱、蚊䖟毒螫？《大正藏》

我等云何令母久壽，身體安隱，無諸苦患、風雨寒熱、蚊䖟毒螫？《磧砂藏》

校勘改作為：

我等*云何☆令母久壽，身體安隱，無諸苦患、風雨寒熱、蚊䖟毒螫？

四、《大正藏》中有增衍者，本系列經典校勘刪除後，以「①」符號表示之；其中圓圈內之數目，代表刪除之字數。

如《小品般若波羅蜜經》卷三〈泥犁品第八〉之中：

般若波羅蜜力故，五波羅蜜得般若波羅蜜名《大正藏》

般若波羅蜜力故，五波羅蜜得波羅蜜名《磧砂藏》

校勘改作為：

般若波羅蜜力故，五波羅蜜得②波羅蜜名

五、《大正藏》中有脫落者，本系列經典校勘後，以下列符號表示之：

㈠脫落補入單字者，在補入字的右上方，以「⊙」符號表示之。如《解深密經》卷二〈無自性相品第五〉之中：

未熟相續能令成熟《大正藏》

未成熟相續能令成熟《磧砂藏》

校勘改作為：

未⊙成熟相續能令成熟

㈡脫落補入二字以上者，在補入之最初字的右上方，以「⊙」符號表示之；並在補入之最末字的右下方，以「☆」符號表示之。

如《悲華經》卷四〈諸菩薩本授記品第四之二〉之中：

以見我故，寒所有衆生悉得熅樂《大正藏》

以見我故，寒冰地獄所有衆生悉得熅樂《磧砂藏》

校勘改作為：

以見我故，寒◎冰地獄☆所有衆生悉得熅樂

六、本系列經典依校勘之原則，而無法以前面之各種校勘符號表示清楚者，則以「㊟」表示之，並在經文之後作說明。

七、《大正藏》中，凡不影響經義之正俗字（如：恆、恒）、通用字（如：蓮「華」、蓮「花」）、譯音字（如：目「犍」連、目「乾」連）等彼此不一者，本系列經典均不作改動或校勘。

八、《大正藏》中，凡現代不慣用的古字，本系列經典則以教育部所頒行的常用字取代之（如：讃→讚），而不再詳以對照表說明。

九、凡《大正藏》經文內本有的小字夾註者，本系列經典均以小字雙行表示之。

十、凡《大正藏》經文內之咒語，其斷句以空格來表示。若原文上有斷句序號而未空格時，則本系列經典均於序號之下，加空一格；但若作校勘而有增補空格或刪除原文之空格時，則仍以「◎」、「①」符號校勘之。又原文若無序號亦未斷句者，則維持原樣。

十一、本系列經典之經文，採用中明字體，而其中之偈頌、咒語及願文等，皆採用正楷字體。另若有序文、跋或作註釋說明時，則採用仿宋字體。

十二、本系列經典所作之標點、分段及校勘等，以儘量順於經義為原則，來方便讀者之閱讀。

十三、標點方面，自本系列經典起，表示時間的名詞（或副詞），如：時、爾時等，以不逗開為原則。

解深密經・大乘密嚴經序

《解深密經》梵名為Sandhinirmocana-sūtra，共有五卷，為唐・玄奘於貞觀二十一年（647）在弘福寺譯出。相傳此經梵文廣本有十萬頌，今譯是其略本，為一千五百頌，譯文分八品。在唐譯以前，此經曾經譯過三次：一、劉末・元嘉中（434～453），中印度，求那跋陀羅在潤州江寧縣東安寺譯，名《相續解脫經》，一卷，只有最後兩品。二、元魏・延昌三年（514），北印度・菩提流支在洛陽少林寺譯，名《深密解脫經》，五卷，開為十一品。⑶陳・天嘉二年（561），西印度，真諦在建造寺譯，名《解節經》，一卷，只有前兩品（開為四品）。此外還有西藏譯本，及譯自藏譯的法譯本。

「解深密」是梵文Sandhinirmocana（刪地涅謨折那）的義譯。據圓測《解深密經疏》、智周《成唯識論演祕》（卷三末）、道倫《瑜珈師地論記》（卷二十上）都說「刪地」有諸物相續、骨節相連、深密等意義，而「涅謨折那」是解之義。所以各種譯本的標題中，即各取其中的一義，而以唐譯的「解深密」最為恰當。

本經是唯識的根本要典，乃解釋大乘境、行、果的深義，一共有八品：第一〈序品〉是序分，第二〈勝義諦相〉以下七品是正宗分。又正宗七品中，可攝為三類：初四品明所觀境，次二品辨能觀行，後一品顯所得果。其內容大要如下：

〈序品〉：詳述教主佛世尊所具有的殊勝功德及所安住的華藏界所淨土莊嚴，並述及能解深義密義的無量菩薩及聲聞大眾。

〈勝義諦相品〉：此下為正宗分，首先說明勝義諦相離言離分別，超越一切尋思、一切法非一非異，而遍在一切法中平等一味，即離言法性，亦即諸法實相。

〈心意識相品〉：就世俗諦敘述八識的體相。以瀑流及鏡面為喻，說明阿賴耶識的生滅相續，是生死根源，以及它的各種名稱及其差別，此即唯識之事相。乃至眼、耳、鼻、舌、身、意六識生起等相。

〈一切法相品〉：總括一切諸法的體相為遍計所執、依他起、圓成實三種性相，以說明一切染淨諸法的法相。

〈無自性相品〉：說明一切諸法皆無自性，即依三種自性立三無性。其中遍計所執性相是依假名安立，即相無性。依他起相是依衆緣所生，即生無性。圓成實相是一切法的勝義諦，為一切法無我性所顯，即是勝義無性。由此會通一乘、五性之說，謂聲聞、獨覺、菩薩三乘有情，都由此無自性性一妙清淨之道，證得無上涅槃，由此密意說「唯有一乘」，但其中也有鈍根、中根、利根等種性的差別。因此，世尊說法，有三時不同，初時只為發趣聲聞乘人說，用四諦相轉正法輪，是未了義；在第二時中為發趣修大乘人，依一切法皆無自性，用隱密相轉正法輪，仍是未了義；現在第三時中則普遍為發趣一切乘人，依一切法皆無自性，用顯了相轉正法輪，是真了義。

〈分別瑜伽品〉：此品是對慈氏菩薩說明修瑜伽行中奢摩他（止）、毘鉢舍那（觀）的義相，顯示唯識止觀的妙行，說明諸法唯識所變，而分別其定慧行相。

〈地波羅蜜多品〉：敘說菩薩十地乃至第十一佛地的名義，及菩薩所應學之事有布施、持戒、忍辱、精進、靜慮、智慧（般若）六波羅蜜，而以智慧波羅蜜為能取諸法無自性性等義。

〈如來成所作事品〉：此品對文殊菩薩敘說如來法身及化身的圓滿功德，以明如來成所作事了義之教。

以上要言之，正宗分七品中，前四品為理論，後三品為實踐。而理論之中，〈勝義諦相品第二〉是明萬有之實性，〈心意識相品第三〉至〈無自性相品第五〉是明萬有之現象。實踐之中，〈分別瑜伽品第六〉是其方法，〈地波羅蜜多品第七〉是其行位。以此二品為根源，示應到達之果者為〈如來成所作事品第八〉。整部經組織之井然，理路之明晰為其他經典所少見。尤其是對於止觀的說明極為詳細。現在總括以上所述，圖示於後。

本經正宗七品的全文在《瑜伽師地論》中被整篇引用，而《成唯識論》也一再引用此經，因而顯示本經在印度是瑜伽行者的根本要典。此經漢譯之後，慈恩宗更依此經的〈無自性相品〉，分別判釋迦如來的一代教法，為有、空、中道三時教，並依此經的〈心意識相品〉及〈一切法相品〉文以三性說及唯識說為此宗的根本教義。

解深密經
- 卷一
  - 一、序品——序分
  - 二、勝義諦相品——唯識之妙理——實性
  - 三、心意識相品——唯識之事相——現象
- 卷二
  - 四、一切法相品
  - 五、無自性相品
  - （四、五）——唯識之妙解——現象
  - （實性、現象）——理論
- 卷三——六、分別瑜伽品——唯識之觀法——方法
- 卷四——七、地波羅蜜多品——唯識之行位——行位
  - （方法、行位）——原因
- 卷五——八、如來成所作事品——唯識之佛果——結果
  - （原因、結果）——實踐
- （理論、實踐）——正宗分

《大乘密嚴經》名為梵Ghanavyūha-sūtra共有三卷，簡稱《密嚴經》。漢

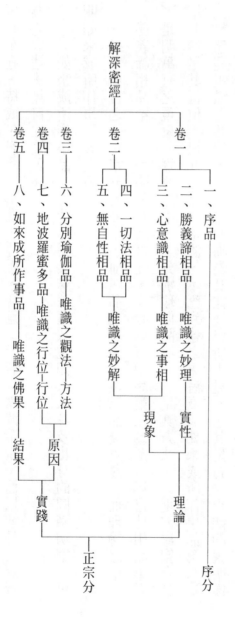

譯本共有二譯本，一為唐・地婆訶羅（日照）譯，另一為唐・不空所譯。大體而言，二譯本的譯語大致相同，而品名稍異。但是就體裁而言，正如不空譯本篇首的代宗序文所說，日照譯本的長行、偈頌各半，不空譯本則多偈頌韻文。此外，日照譯較不空譯有更多的省略處。現在的通行本則以日照譯本為主。

本經旨在闡明如來藏、阿賴耶識的義理，並廣說密嚴淨土之相。全經分八品，內容敘述佛在超越三界的密嚴國土上昇座說法，金剛藏菩薩請示第一義法性，佛以如來藏的不生不滅作答。其次，金剛藏菩薩對如實見菩薩、螺髻梵天王等解說如來藏、阿賴耶識等大乘法相。最後說明如來藏即阿賴耶識、即密嚴的理由。

西藏也有本經的譯本，稱之為《聖厚莊嚴大乘經》（德格版No.一一〇），其品目為四卷九品，與漢譯本略有不同。註疏有法藏《密嚴經疏》四卷（缺第一卷）、日僧覺鑁《密嚴淨土略觀》一卷等。

目錄

佛法常行經典的出版因緣 1
凡例 5
解深密經・大乘密嚴經序 10
解深密經　大唐　玄奘譯 1
卷一 3
序品第一 3
勝義諦相品第二 5
心意識相品第三 19
卷二 23
一切法相品第四 23
無自性相品第五 26

卷三 43
分別瑜伽第六 43
卷四 69
地波羅蜜多品第七 69
卷五 91
如來成所作事品第八 91
大乘密嚴經 唐 不空譯 107
序 唐代宗皇帝製 109
卷上 111
密嚴道場品第一 111
入密嚴微妙身生品第二 123
卷中 140
入密嚴微妙身生品之餘 140

胎藏生品第三 152
自作境界品第四 154
辯觀行品第五 164
入阿賴耶品第六 167
卷下 176
我識境界品第七 176
阿賴耶即密嚴品第八 178

解深密經

解深密經卷第一

大唐三藏法師玄奘奉　詔譯

序品第一

如是我聞：一時，薄伽梵住最勝光曜七寶莊嚴，放大光明普照一切無邊世界，無量方所妙飾間列，周圓無際其量難測，超過三界所行之處，勝出世間善根所起，最極自在淨識為相，如來所都，諸大菩薩眾所雲集，無量天、龍、藥叉、健達縛、阿素洛、揭路*茶、緊捺洛、牟呼洛伽、人非人等常所翼從，廣大法味喜樂所持，作諸眾生一切義利，滅諸煩惱、災橫、纏垢，遠離眾魔，過諸莊嚴，如來莊嚴之所依處，大念慧行以為遊路，大止妙觀以為所乘，大空、無相、無願解脫為所入門，無量功德眾所莊嚴，大寶花王眾所建立大宮殿中。

是薄伽梵最清淨覺不二現行，趣無相法住於佛住，逮得一切佛平等性，到無障處，不可轉法，所行無礙，其所成立不可思議，遊於三世平等法性，其身流布一切世界，於一切法智無疑滯，於一切行成就大覺，於諸法智無有疑惑，凡所現身不可分別，一切菩薩正所求智，得佛無二住勝彼岸，不相間雜如來解脫妙智究竟，證無中邊佛地平等，極於法界，盡虛空性窮未來際。

與無量大聲聞眾俱，一切調順皆是佛子。心善解脫，慧善解脫，戒善清淨，趣求法樂，多聞、聞持，其聞積集。善思所思，善說所說，善作所作。捷慧、速慧、利慧、出慧、勝決擇慧、大慧、廣慧及無等慧，慧寶成就。具足三明，逮得第一現法樂住，大淨福田，威儀寂靜無不圓滿，大忍柔和成就無減，*已善奉行如來聖教。

復有無量菩薩摩訶薩從種種佛土而來集會，皆住大乘，遊大乘法，於諸眾生其心平等，離諸分別及不分別種種分別，摧伏一切眾魔怨敵，遠離一切聲聞、獨覺所有作意，廣大法味喜樂所持，超五怖畏，一向趣入不退轉地，息一切衆生一切苦惱所逼迫地而現在前，其名曰：解甚深義密意菩薩摩訶薩、如理請問菩薩摩訶薩、法涌菩薩摩訶薩、善清淨慧菩薩摩訶薩、廣慧菩薩摩訶薩、德本菩薩摩訶薩、勝義生菩薩摩訶薩、觀自在菩薩摩訶薩、慈氏菩薩摩訶薩、曼殊室利菩薩摩訶薩等，而為上首。

解深密經勝義諦相品第二

爾時如理請問菩薩摩訶薩即於佛前，問解甚深義密意菩薩言：「最勝子！言一切法無二，一切法無二者，何等一切法？云何為無二？」

解甚深義密意菩薩告如理請問菩薩曰：「善男子！一切法者，略有二種：一者、有為，二者、無為。是中有為，非有為非無為；無為，亦非無為非有為。」

如理請問菩薩復問解甚深義密意菩薩言：「最勝子！如何有為非有為非無為，無為亦非無為非有為？」

解甚深義密意菩薩謂如理請問菩薩曰：「善男子！言有為者，乃是本師假施設句。若是本師假施設句，即是遍計所執言辭所說。若是遍計所執言辭所說，即是究竟種種遍計言辭所說。不成實故，非是有為。善男子！言無為者，亦墮言辭施。設離有為、無為少有所說，其相亦爾，然非無事而有所說。何等為事？謂諸聖者以聖智、聖見離名言故，現等正覺。即於如是離言法性，為欲令他現等覺故，假立名想，謂之有為。

「善男子！言無為者，亦是本師假施設句。若是本師假施設句，即是遍計所執言辭所說。若是遍計所執言辭所說，即是究竟種種遍計言辭所說。不成實故，非是無為。善男子！言有為者，亦墮言辭。設離無為、有為少有所說，其相亦爾，然非無事而有所說。何等為事？謂諸聖者以聖智、聖見離名言故，現等正覺，即於如是離言法性，為欲令他現等覺故，假立名想，謂之無為。」

爾時如理請問菩薩摩訶薩復問解甚深義密意菩薩摩訶薩言：「最勝子！如何此事彼諸聖者以聖智、聖見離名言故，現等正覺，即於如是離言法性，為欲令他現等覺故，假立名想，或謂有為，或謂無為？」

解甚深義密意菩薩謂如理請問菩薩曰：「善男子！如善幻師或彼弟子，住四衢道，積集瓦礫、草葉、木等，現作種種幻化事業，所謂象身、馬身、車身、步身、末尼、真珠、琉璃、螺貝、璧玉、珊瑚、種種財、穀、庫藏等身。若諸衆生愚癡頑鈍，惡慧種類無所曉知，於瓦礫、草葉、木等上諸幻化事，見已聞已作如是念：『此所見者，實有象身，實有馬身、車身、步身、末尼、真珠、琉璃、螺貝、璧玉、珊瑚、種種財、穀、庫藏等身。』如其所見，如其所聞，堅固執著，隨起言說：『唯此諦實，餘皆愚妄。』彼於後時應更觀察。

「若有衆生非愚非鈍，善慧種類有所曉知，於瓦礫、草葉、木等上諸幻化事，見已聞已作如是念：『此所見者，無實象身，無實馬身、車身、步身、末尼、真珠、琉璃、螺貝、璧玉、珊瑚、種種財、穀、庫藏等身，然有幻狀迷惑眼事，於中發起大象身想，或大象身差別之想，乃至發起種種財、穀、庫藏等想，或彼種類差別之想。』不如所見，不如所聞，堅固執著，隨起言說：『唯此諦實，餘皆愚妄。』」為欲表知如是義故，亦於此中隨起言說，彼於後時不須觀察。

「如是若有衆生是愚夫類，是異生類，未得諸聖出世間慧，於一切法離言法性不能了知。彼於一切有為、無為，見已聞已作如是念：『此所得者，決定實有有為、無為。』如其所見，如其所聞，堅固執著，隨起言說：『唯此諦實，餘皆癡妄。』彼於後時應更觀察。

「若有衆生非愚夫類，已見聖諦，已得諸聖出世間慧，於一切法離言法性如實了知。彼於一切有為、無為，見已聞已作如是念：『此所得者，決定無實有為、無為，然有分別所起行相，猶如幻事迷惑覺慧，於中發起為無為想，或為無為差別之想。』不如所見，不如所聞，堅固執著，隨起言說：『唯此諦實，餘皆癡妄。』為欲表知如是義故，亦於此中隨起言說，彼於後時不須觀察。

「如是，善男子！彼諸聖者於此事中，以聖智、聖見離名言故，現等正覺，即於如是離言法性，為欲令他現等覺故，假立名想，謂之有為，謂之無為。」

爾時解甚深義密意菩薩欲重宣此義而說頌曰：

佛說離言無二義，甚深非愚之所行，愚夫於此癡所惑，樂著二依言戲論。
彼或不定或邪定，流轉極長生死苦，復違如是正智論，當生牛羊等類中。

爾時法涌菩薩白佛言：「世尊！從此東方過七十二殑伽河沙等世界，有世界名具大名稱，是中如來號廣大名稱，我於先日從彼佛土發來至此。我於彼佛土曾見一處，有七萬七千外道并其師首同一會坐，為思諸法勝義諦相，彼共思議、稱量、觀察、遍推求時，於一切法勝義諦相竟不能得，唯除種種意解、別異意解、變異意解，互相違背共興諍論，口出矛穳，更相穳已、刺已、惱已、壞已，各各離散。

「世尊！我於爾時竊作是念：『如來出世甚奇希有！由出世故，乃於如是超過一切尋思所行勝義諦相，亦有通達作證可得。』」

說是語已，爾時世尊告法涌菩薩曰：「善男子！如是！如是！如汝所說，我於超過一切尋思勝義諦相現等正覺。現等覺已，為他宣說、顯現、開解、施設、照了。何以故？我說勝義是諸聖者內自所證，尋思所行是諸異生展轉所證。是故，法涌！由此道理，當知勝義超過一切尋思境相。復次，法涌！我說勝義無相所行，尋思但行有相境界。是故，法涌！由此道理，當知勝義超過一切尋思境相。復次，法涌！我說勝義不可言說，尋思但行言說境界。是故，法涌！由此道理，當知勝義超過一切尋思境相。復次，法涌！我說勝義絕諸表示，尋思但行表示境界。是故，法涌！由此道理，當知勝義超過一切尋思境相。復次，法涌！我說勝義絕諸諍論，尋思但行諍論境界。是故，法涌！由此道理，當知勝義超過一切尋思境相。

「法涌！當知譬如有人盡其壽量習辛苦味，於蜜、石蜜上妙美味，不能尋思，不能比度，不能信解。或於長夜，由欲貪勝解，諸欲熾火所燒然故，於內除滅一切色、聲、香、味、觸相妙遠離樂，不能尋思，不能比度，不能信解。或於長夜，由言說勝解，樂著世間綺言說故，於內寂靜聖默然樂，不能尋思，不能比度，不能信解。或於長夜，由見、聞、覺、知表示勝解，樂著世間諸表示故，於永除斷一切表示薩迦耶滅究竟涅槃，不能尋思，不能比度，不能信解。法涌！當知譬如有人於其長夜，由有種種我所、攝受、諍論勝解，樂著世間諸諍論故，於北拘盧洲無我所、無攝受、離諍論，不能尋思，不能比度，不能信解。如是，法涌！諸尋思者，於超一切尋思所行勝義諦相，不能尋思，不能比度，不能信解。」

爾時世尊欲重宣此義而說頌曰：

內證無相之所行，不可言說絕表示，息諸諍論勝義諦，超過一切尋思相。

爾時善清淨慧菩薩白佛言：「世尊甚奇！乃至世尊善說！如世尊言：『勝義諦相微細甚深，超過諸法一異性相，難可通達。』世尊！我即於此曾見一處，有眾菩薩等正修行勝解行地，同一會坐，皆共思議勝義諦相與諸行相一異性相。於此會中，一類菩薩作如是言：『勝義諦相與諸行相都無有異。』一類菩薩復作是言：『非勝義諦相與諸行相都無有異，然勝義諦相異諸行相。』有餘菩薩疑惑猶豫，復作是言：『是諸菩薩誰言諦實？誰言虛妄？誰如理行？誰不如理？』或唱是言：勝義諦相與諸行相都無有異。或唱是言：勝義諦相異諸行相。』」

「世尊！我見彼已，竊作是念：『此諸善男子愚癡頑鈍，不明、不善、不如理行，於勝義諦微細甚深超過諸行一異性相，不能解了。』」

說是語已，爾時世尊告善清淨慧菩薩曰：「善男子！如是！如是！如汝所說。彼諸善男子愚癡頑鈍，不明、不善、不如理行，於勝義諦微細甚深超過諸行一異性相，不能解了。何以故？善清淨慧！非於諸行如是行時，名能通達勝義諦相，或於勝義諦而得作證。

「何以故？善清淨慧！若勝義諦相與諸行相都無異者，應於今時一切異生皆已見諦。又諸異生皆應已得無上方便安隱涅槃，或應已證阿耨多羅三藐三菩提。若勝義諦相與諸行相一向異者，已見諦者於諸行相應不除遣。若不除遣諸行相者，應於相縛不得解脫。此見諦者於諸相縛不解脫故，於麁重縛亦應不脫。由於二縛不解脫故，已見諦者應不能得無上方便安隱涅槃，或不應證阿耨多羅三藐三菩提。

「善清淨慧！由於今時非諸異生皆已見諦，非諸異生已能獲得無上方便安隱涅槃，亦非已證阿耨多羅三藐三菩提，是故勝義諦相與諸行相都無異相，不應道理。若於此中作如是言：勝義諦相與諸行相都無異者，由此道理，當知一切非如理行，不如正理。

「善清淨慧！由於今時非見諦者於諸行相不能除遣，然能除遣。非見諦者於諸相縛不能解脫，然能解脫。非見諦者於麁重縛不能解脫，然能解脫。以於二障能解脫故，亦能獲得無上方便安隱涅槃，或有能證阿耨多羅三藐三菩提。是故勝義諦相與諸行相一向異相，不應道理。若於此中作如是言：勝義諦相與諸行相一向異者，由此道理，當知一切非如理行，不如正理。

「復次，善清淨慧！若勝義諦相與諸行相都無異者，如諸行相墮雜染相，此勝義諦相亦應如是墮雜染相。善清淨慧！若勝義諦相與諸行相一向異者，應非一切行相共相名勝義諦相。善清淨慧！由於今時勝義諦相非墮雜染相，諸行共相名勝義諦相，是故勝義諦相與諸行相都無異相，不應道理；勝義諦相與諸行相一向異相，不應道理。若於此中作如是言：勝義諦相與諸行相都無有異，或勝義諦相與諸行相一向異者，由此道理，當知一切非如理行，不如正理。

「復次，善清淨慧！若勝義諦相與諸行相都無異者，如勝義諦相於諸行相無有差別，一切行相亦應如是無有差別。修觀行者於諸行中，如其所見，如其所聞，如其所覺，如其所知，不應後時更求勝義。若勝義諦相與諸行相一向異者，應非諸行唯無我性、唯無自性之所顯現，是勝義相。又應俱時別相成立，謂雜染相及清淨相。

「善清淨慧！由於今時一切行相皆有差別，非無差別。修觀行者於諸行中，如其所見，如其所聞，如其所覺，如其所知，復於後時更求勝義。又即諸行唯無我性、唯無自性之所顯現名勝義相，又非俱時染淨二相別相成立，是故勝義諦相與諸行相都無有異，或一向異，不應道理。若於此中作如是言：勝義諦相與諸行相都無有異，或一向異者，由此道理，當知一切非如理行、不如正理。

「善清淨慧！如螺貝上鮮白色性，不易施設與彼螺貝一相、異相。如螺貝上鮮白色性，金上黃色亦復如是。如箜篌聲上美妙曲性，不易施設與箜篌聲一相、異相。如黑沈上有妙香性，不易施設與彼黑沈一相、異相。如胡椒上辛猛利性，不易施設與彼胡椒一相、異相。如胡椒上辛猛利性，訶梨淡性亦復如是。如蠹羅綿上有柔軟性，不易施設與蠹羅綿一相、異相。如熟酥上所有醍醐，不易施設與彼熟酥一相、異相。又如一切行上無常性，一切有漏法上苦性，一切法上補特伽羅無我性，不易施設與彼行等一相、異相。又如貪上不寂靜相及雜染相，不易施設此與彼貪一相、異相。如於貪上，於瞋、癡上，當知亦爾。

「如是，善清淨慧！勝義諦相不可施設與諸行相一相、異相。善清淨慧！我於如是微細、極微細，甚深、極甚深，難通達、極難通達，超過諸法一異性相，勝義諦相現正等覺。現等覺已，為他宣說、顯示、開解、施設、照了。」

爾時世尊欲重宣此義而說頌曰：

行界勝義相，　離一異性相，　若分別一異，　彼非如理行。
衆生為相縛，　及彼麁重縛，　要勤修止觀，　爾乃得解脫。

爾時世尊告長老善現曰：「善現！汝於有情界中，知幾有情懷增上慢，為增上慢所執持故，記別所解？汝於有情界中，知幾有情離增上慢，記別所解？」

長老善現白佛言：「世尊！我知有情界中，少分有情離增上慢，記別所解。世尊！我知有情界中，有無量無數不可說有情懷增上慢，為增上慢所執持故，記別所解。

「世尊！我於一時住阿練若大樹林中，時有衆多苾芻亦於此林依近我住。我見彼諸苾芻於日後分，展轉聚集，依有所得現觀，各說種種相法，記別所解。於中一類由得蘊故，得蘊相故，得蘊起故，得蘊盡故，得蘊滅故，得蘊滅作證故，記別所解。如此一類由得蘊故，復有一類由得處故，復有一類得緣起故，當知亦爾。復有一類由得食故，得食相故，得食起故，得食盡故，得食滅故，得食滅作證故，記別所解。復有一類由得諦故，得諦相故，得諦遍知故，得諦永斷故，得諦作證故，得諦修習故，記別所解。復有一類由得界故，得界相故，得界種種性故，得界非一性故，得界滅故，得界滅作證故，記別所解。復有一類由得念住故，得念住相故，得念住能治所治故，得念住修故，得念住未生令生故，得念住生已堅住不忘，倍修增廣故，記別所解。如有一類得念住故，復有一類得正斷故，得神足故，得諸根故，得諸力故，得覺支故，當知亦爾。復有一類得八支聖道故，得八支聖道相故，得八支聖道能治所治故，得八支聖道修故，得八支聖道未生令生故，得八支聖道生已堅住不忘，倍修增廣故，記別所解。

「世尊！我見彼已，*便作是念：『此諸長老依有所得現觀，各說種種相法，記別所解。』當知彼諸長老，一切皆懷增上慢，為增上慢所執持故，於勝義諦遍一切一味相不能解了。是故，世尊甚奇！乃至世尊善說！如世尊言：『勝義諦相微細、最微細，甚深、最甚深，難通達、最難通達，遍一切一味相。』世尊！此聖教中修行苾芻，於勝義諦遍一切一味相尚難通達，況諸外道！」

爾時世尊告長老善現曰：「如是！如是！善現！我於微細、最微細，甚深、最甚深，難通達、最難通達，遍一切一味相勝義諦，現正等覺。現等覺已，為他宣說、顯示、開解、施設、照了。何以故？善現！我已顯示，於一切蘊中清淨所緣，是勝義諦；我已顯示，於一切處、緣起、食、諦、界、念住、正斷、神足、根、力、覺支、道支中清淨所緣，是勝義諦。此清淨所緣於一切蘊中，是一味相，無別異相；如於蘊中，如是於一切處中，乃至一切道支中，是一味相，無別異相。是故，善現！由此道理，當知勝義諦是遍一切一味相。

「復次，善現！修觀行苾芻，通達一蘊真如勝義法無我性已，更不尋求各別餘蘊、諸處、緣起、食、諦、界、念住、正斷、神足、根、力、覺支、道支真如勝義法無我性。唯即隨此真如勝義無二智為依止故，於遍一切一味相勝義諦，審察趣證。是故，善現！由此道理，當知勝義諦是遍一切一味相。

「復次，善現！如彼諸蘊展轉異相，如彼諸處、緣起、食、諦、界、念住、正斷、神足、根、力、覺支、道支展轉異相，若一切法真如勝義法無我性亦異相者，是則真如勝義法無我性亦應有因，從因所生，若從因生應是有為，若是有為應非勝義，若非勝義應更尋求餘勝義諦。善現！由此真如勝義法無我性，不名有因，非因所生，亦非有為，是勝義諦，得此勝義更不尋求餘勝義諦。唯有常常時，恒恒時，如來出世，若不出世，諸法法性安立，法界安住。是故，善現！由此道理，當知勝義諦是遍一切一味相。

「善現！譬如種種非一品類異相色中，虛空無相、無分別、無變異，遍一切一味相。如是異性、異相一切法中，勝義諦遍一切一味相，當知亦*爾。」

爾時世尊欲重宣此義而說頌曰：

此遍一切一味相，勝義諸佛說無異，若有於中異分別，彼定愚癡依上慢。

⊙解深密經☆心意識相品第三

爾時廣慧菩薩摩訶薩白佛言：「世尊！如世尊說，於心意識祕密善巧菩薩，於心意識祕密善巧菩薩者，齊何名為於心意識祕密善巧菩薩？如來齊何施設彼為於心意識祕密善巧菩薩？」

說是語已，爾時世尊告廣慧菩薩摩訶薩曰：「善哉！善哉！廣慧！汝今乃能請問如來如是深義，汝今為欲利益安樂無量眾生，哀愍世間及諸天、人、阿素洛等，為令獲得義利安樂故發斯問。汝應諦聽！吾當為汝說心意識祕密之義。廣慧！當知於六趣生死彼彼有情，墮彼彼有情眾中，或在卵生，或在胎生，或在濕生，或在化生身分生起。於中最初一切種子心識成熟，展轉和合增長廣大，依二執受：一者、有色諸根及所依執受，二者、相名分別言說戲論習氣執受。有色界中具二執受，無色界中不具二種。

「廣慧！此識亦名阿陀那識。何以故？由此識於身隨逐執持故。亦名阿賴耶識。何以故？由此識於身攝受藏隱同安危義故。亦名為心。何以故？由此識色、聲、香、味、觸等積集滋長故。

「廣慧！阿陀那識為依止，為建立故，六識身轉，謂眼識，耳、鼻、舌、身、意識。此中有識，眼及色為緣生眼識，與眼識俱隨行，同時、同境有分別意識轉。有識，耳、鼻、舌、身，及聲、香、味、觸為緣，生耳、鼻、舌、身識，與耳、鼻、舌、身識俱隨行，同時、同境有分別意識轉。廣慧！若於爾時一眼識轉，即於此時，唯有一分別意識與眼識同所行轉；若於爾時二、三、四、五諸識身轉，即於此時，唯有一分別意識與五識身同所行轉。

「廣慧！譬如大瀑水流，若有一浪生緣現前，唯一浪轉；若二、若多浪生緣現前，有多浪轉，然此瀑水自類恒流無斷無盡。又如善淨鏡面，若有一影生緣現前，唯一影起；若二、若多影生緣現前，有多影起。非此鏡面轉變為影，亦無受用滅盡可得。如是，廣慧！由似瀑流阿陀那識為依止，為建立故，若於爾時有一眼識生緣現前，即於此時一眼識轉；若於爾時乃至有五識身生緣現前，即於此時五識身轉。

「廣慧！如是菩薩雖由法住智為依止，為建立故，於心意識祕密善巧。然諸如來不齊於此，施設彼為於心意識一切祕密善巧菩薩。廣慧！若諸菩薩於內各別如實不見阿陀那，不見阿陀那識；不見阿賴耶，不見阿賴耶識；不見積集，不見心；不見眼色及眼識，不見耳聲及耳識，不見鼻香及鼻識，不見舌味及舌識，不見身觸及身識，不見意法及意識，是名勝義善巧菩薩，如來施設彼為勝義善巧菩薩。廣慧！齊此名為於心意識一切祕密善巧菩薩，如來齊此施設彼為於心意識一切祕密善巧菩薩。」

爾時世尊欲重宣此義而說頌曰：

阿陀那識甚深細，*一切種子如瀑流，我於凡愚不開演☆，恐彼分別執為我。

解深密經卷第一

解深密經卷第二

大唐三藏法師玄奘奉　詔譯

一切法相品第四

爾時德本菩薩摩訶薩白佛言：「世尊！如世尊說於諸法相善巧菩薩，於諸法相善巧菩薩者，齊何名為於諸法相善巧菩薩？如來齊何施設彼為於諸法相善巧菩薩？」

說是語已，爾時世尊告德本菩薩曰：「善哉！德本！汝今乃能請問如來如是深義，汝今為欲利益安樂無量眾生，哀愍世間及諸天、人、阿素洛等，為令獲得義利安樂故發斯問。汝應諦聽！吾當為汝說諸法相。

「謂諸法相略有三種。何等為三?一者、遍計所執相,二者、依他起相,三者、圓成實相。云何諸法遍計所執相?謂一切法名假安立自性差別乃至為令隨起言說。云何諸法依他起相?謂一切法緣生自性,則此有故彼有,此生故彼生,謂無明緣行乃至招集純大苦蘊。云何諸法圓成實相?謂一切法平等真如。於此真如,諸菩薩眾勇猛精進為因緣故,如理作意無倒思惟為因緣故,乃能通達。於此通達漸漸修集,乃至無上正等菩提方證圓滿。

「善男子!如眩*翳人眼中所有眩*翳過患,遍計所執相當知亦爾。如眩*翳人眩*翳眾相,或髮毛、輪、蜂、蠅、巨勝,或復青、黃、赤、白等相差別現前,依他起相當知亦爾。如淨眼人遠離眼中眩*翳過患,即此淨眼本性所行無亂境界,圓成實相當知亦爾。

「善男子!譬如清淨頗胝迦寶,若與青染色合,則似帝青、大青末尼寶像,由邪執取帝青、大青末尼寶故,惑亂有情。若與赤染色合,則似琥珀末尼寶像,由邪執取琥珀末尼寶故,惑亂有情。若與綠染色合,則似末羅羯多末尼寶像,由邪執取末羅羯多末尼寶故，惑亂有情。若與黃染色合，則似金像，由邪執取真金像故，惑亂有情。如是，德本！如彼清淨頗胝迦上所有染色相應，依他起相上遍計所執相言說習氣，當知亦爾。如彼清淨頗胝迦上所有帝青、大青、琥珀、末羅羯多、金等邪執，依他起相上遍計所執相執，當知亦爾。如彼清淨頗胝迦寶，依他起相當知亦爾。如彼清淨頗胝迦上所有帝青、大青、琥珀、末羅羯多、真金等相，於常常時，於恒恒時，無有真實，無自性性，即依他起相上由遍計所執相，於常常時，於恒恒時，無有真實，無自性性，圓成實相當知亦爾。

「復次，德本！相名相應以為緣故，遍計所執相而可了知。依他起相上，遍計所執相執以為緣故，依他起相而可了知。依他起相上，遍計所執相無執以為緣故，圓成實相而可了知。善男子！若諸菩薩能於諸法依他起相上，如實了知遍計所執相，即能如實了知一切無相之法。若諸菩薩如實了知依他起相，即能如實了知一切雜染相法。若諸菩薩如實了知圓成實相，即能如實了知一切清淨相法。

「善男子！若諸菩薩能於依他起相上如實了知無相之法，即能斷滅雜染相法，若能斷滅雜染相法，即能證得清淨相法。如是，德本！由諸菩薩如實了知遍計所執相、依他起相、圓成實相故，如實了知諸無相法、雜染相法、清淨相法。如實了知無相法故，斷滅一切雜染相法。斷滅一切染相法故，證得一切清淨相法，齊此名為於諸法相善巧菩薩，如來齊此施設彼為於諸法相善巧菩薩。」

爾時世尊欲重宣此義而說頌曰：

若不了知無相法，雜染相法不能斷，不能雜染相法故，壞證微妙淨相法。
不觀諸行眾過失，放逸過失害眾生，懈怠住法動法中，無有失壞可憐愍。

解深密經無自性相品第五

爾時勝義生菩薩摩訶薩白佛言：「世尊！我曾獨在靜處，心生如是尋思：『世尊以無量門，曾說諸蘊所有自相、生相、滅相、永斷、遍知。如說諸蘊，諸處、緣起、諸食亦爾。以無量門，曾說諸諦所有自相、遍知、永斷、作證、修習。以無量門，曾說諸界所有自相、種種界性、非一界性、永斷、遍知。以無量門，曾說念住所有自相、能治、所治，及以修習未生令生，生已堅住不忘，倍修增長廣大。如說念住，正斷、神足、根、力、覺支亦復如是。以無量門，曾說八支聖道所有自相、能治所治，及以修習未生令生，生已堅住不忘，倍修增長廣大。世尊復說一切諸法皆無自性，無生無滅，本來寂靜，自性涅槃。未審世尊依何密意作如是說：一切諸法皆無自性，無生無滅，本來寂靜，自性涅槃？

『我今請問如來斯義，惟願如來哀愍解釋，說一切法皆無自性，無生無滅，本來寂靜，自性涅槃，所有密意。』

爾時世尊告勝義生菩薩曰：「善哉！善哉！勝義生！汝所尋思甚為如理。善哉！善哉！善男子！汝今乃能請問如來如是深義，汝今為欲利益安樂無量衆生，哀愍世間及諸天、人、阿素洛等，為令獲得義利安樂故發斯問。汝應諦聽！吾當為汝解釋，所說一切諸法，皆無自性，無生無滅，本來寂靜，自性涅槃，所有密意。

「勝義生！當知我依三種無自性性，密意說言一切諸法皆無自性，所謂相無自性性、生無自性性、勝義無自性性。

「善男子！云何諸法相無自性性？謂諸法遍計所執相。何以故？此由假名安立為相，非由自相安立為相，是故說名相無自性性。

「云何諸法生無自性性？謂諸法依他起相。何以故？此由依他緣力故有，非自然有，是故說名生無自性性。

「云何諸法勝義無自性性？謂諸法由生無自性性故，說名無自性性：即緣生法，亦名勝義無自性性。何以故？於諸法中，若是清淨所緣境界，我顯示彼以為勝義無自性性。依他起相非是清淨所緣境界，是故亦說名為勝義無自性性。復有諸法圓成實相，亦名勝義無自性性。何以故？一切諸法法無我性名為勝義，亦得名為無自性性，是一切法勝義諦故，無自性性之所顯故，由此因緣名為勝義無自性性。

「善男子！譬如空花，相無自性性，當知亦爾。譬如幻像，生無自性性，當知亦爾；一分勝義無自性性，當知亦爾。譬如虛空，惟是眾色無性所顯，遍一切處，一分勝義無自性性，當知亦爾，法無我性之所顯故，遍一切故。善男子！我依如是三種無自性性，密意說言一切諸法皆無自性。

「勝義生！當知我依相無自性性，密意說言一切諸法無生無滅，本來寂靜，自性涅槃。何以故？若法自相都無所有則無有生，若無有生則無有滅，若無生無滅則本來寂靜，若本來寂靜則自性涅槃，於中都無少分所有，更可令其般涅槃故。是故我依相無自性性，密意說言一切諸法無生無滅，本來寂靜，自性涅槃。

「善男子！我亦依法無我性所顯勝義無自性性，密意說言一切諸法無生無滅，本來寂靜，自性涅槃。何以故？法無我性所顯勝義無自性性，於常常時，於恒恒時，諸法法性安住無為。一切雜染不相應故，於常常時，於恒恒時，諸法法性安住故無為，由無為故無生無滅；一切雜染不相應故，本來寂靜，自性涅槃。是故我依法無我性所顯勝義無自性性，密意說言一切諸法無生無滅，本來寂靜，自性涅槃。

「復次，勝義生！非由有情界中諸有情類，別觀遍計所執自性為自性故，亦非由彼別觀依他起自性及圓成實自性為自性故，我立三種無自性性。然由有情於依他起自性及圓成實自性上增益遍計所執自性故，我立三種無自性性。

「由遍計所執自性相故，彼諸有情於依他起自性及圓成實自性中，隨起言說。如如隨起言說如是如是，由言說熏習心故，由言說隨覺故，由言說隨眠故，於依他起自性及圓成實自性中，執著遍計所執自性相。如如執著如是如是，於依他起自性及圓成實自性上，執著遍計所執自性。由是因緣，生當來世依他起自性。由此因緣，或為煩惱雜染所染，或為業雜染所染，或為生雜染所染，於生死中長時馳騁，長時流轉無有休息，或在那落迦，或在傍生，或在餓鬼，或在天上，或在阿素洛，或在人中受諸苦惱。

「復次，勝義生！若諸有情從本已來未種善根，未清淨障，未成熟相續，未多修勝解，未能積集福德、智慧二種資糧，我為彼故，依生無自性性宣說諸法。彼聞是已，能於一切緣生行中，隨分解了無常、無恒、是不安隱變壞法已，於一切行心生怖畏深起厭患。心生怖畏深厭患已，遮止諸惡，於諸惡法能不造作，於諸善法能勤修習。習善因故，未種善根能種善根，未清淨障能令清淨，未⊙成熟相續能令成熟。由此因緣，多修勝解，亦多積集福德、智慧二種資糧。

「彼雖如是種諸善根乃至積集福德、智慧二種資糧，然於生無自性性中，未能如實了知相無自性性及二種勝義無自性性，於一切行未能正厭，未正離欲，未正解脫，未遍解脫煩惱雜染，未遍解脫諸業雜染，未遍解脫諸生雜染。如來為彼更說法要，謂相無自性性及勝義無自性性，為欲令其於一切行能正厭故，正離欲故，正解脫故，超過一切煩惱雜染故，超過一切業雜染故，超過一切生雜染故。

「彼聞如是所說法已，於生無自性性中，能正信解相無自性性及勝義無自性性，*揀擇思惟如實通達。於依他起自性中，能不執著遍計所執自性相。由言說不熏習智故，由言說不隨覺智故，由言說離隨眠智故，能滅依他起相；於現法中智力所持，能永斷滅當來世因。由此因緣，於一切行能正厭患，能正離欲，能正解脫，能遍解脫煩惱、業、生三種雜染。

「復次，勝義生！諸聲聞乘種性有情，亦由此道、此行迹故，證得無上安隱涅槃。諸獨覺乘種性有情，諸如來乘種性有情，亦由此道、此行迹故，說得無上安隱涅槃。一切聲聞、獨覺、菩薩，皆共此一妙清淨道，皆同此一究竟清淨，更無第二。我依此故，密意說言唯有一乘，非於一切有情界中，無有種種有情種性，或鈍根性、或中根性、或利根性有情差別。

「善男子！若一向趣寂聲聞種性補特伽羅，雖蒙諸佛施設種種勇猛加行，方便化導，終不能令當坐道場證得阿耨多羅三藐三菩提。何以故？由彼本來唯有下劣種性故，一向慈悲薄弱故，一向怖畏眾苦故。由彼一向慈悲薄弱，是故一向棄背利益諸眾生事；由彼一向怖畏眾苦，是故一向棄背發起諸行所作。我終不說一向棄背利益眾生事者，一向棄背發起諸行所作者，當坐道場，能得阿耨多羅三藐三菩提，是故說彼名為一向趣寂聲聞。若迴向菩提聲聞種性補特伽羅，我亦異門說為菩薩。何以故？彼既解脫煩惱障已，若蒙諸佛等覺悟時，於所知障，其心亦可當得解脫。由彼最初為自利益，修行加行脫煩惱障，是故如來施設彼為聲聞種性。

「復次，勝義生！如是於我善說善制法、毘奈耶，最極清淨意樂所說善教法中，諸有情類意解種種差別可得。善男子！如來但依如是三種無自性性，由深密意，於所宜說不了義經，以隱密相說諸法要，謂一切法皆無自性，無生無滅，本來寂靜，自性涅槃。

「於是經中，若諸有情已種上品善根，已清淨諸障，已成熟相續，已多修勝解，已能積集上品福德、智慧資糧，彼若聽聞如是法已，於我甚深密意言說如實解了，於如是法深生信解，於如是義以無倒慧如實通達。依此通達善修習故，速疾能證最極究竟，亦於我所深生淨信，知是如來、應、正等覺於一切法現正等覺。

「若諸有情已種上品善根，已清淨諸障，已成熟相續，已多修勝解，未能積集上品福德、智慧資糧，其性質直，是質直類雖無力能思擇廢立，而不安住自見取中。彼若聽聞如是法已，於我甚深祕密言說，雖無力能如實解了，然於此法能生勝解，發清淨信，信此經典是如來說，是其甚深顯現，甚深空性相應，難見難悟，不可尋思，非諸尋思所行境界，微細詳審聰明智者之所解了。於此經典所說義中自輕而住，作如是言：『諸佛菩提為最甚深，諸法法性亦最甚深，唯佛如來能善了達，非是我等所能解了。諸佛如來為彼種種勝解有情轉正法教，諸佛如來無邊智見，我等智見猶如牛跡。』於此經典，雖能恭敬為他宣說，書寫護持，披閱流布，殷重供養，受誦溫習，然猶未能以其修相發起加行，是故於我甚深密意所說言辭，不能通達。由此因緣，彼諸有情亦能增長福德、智慧二種資糧，於彼相續未成熟者亦能成熟。

「若諸有情，廣說乃至未能積集上品福德、智慧資糧，性非質直，非質直類，雖有力能思擇廢立，而復安住自見取中。彼若聽聞如是法已，於我甚深密意言說不能如實解了，於如是法雖生信解，然於其義隨言執著，謂一切法決定皆無自性，決定不生不滅，決定本來寂靜，決定自性涅槃。由此因緣，於一切法獲得無見及無相見。由得無見、無相見故，撥一切相皆是無相，誹撥諸法遍計所執相、依他起相、圓成實相。何以故？由有依他起相及圓成實相故，遍計所執相方可施設，若於依他起相及圓成實相見為無相，彼亦誹撥遍計所執相，是故說彼誹撥三相。雖於我法起於法想，而非義中起於義想。由於我法起法想故，及非義中起義想故，於是法中持為是法，於非義中持為是義。彼雖於法起信解故福德增長，然於非義起執著故退失智慧，智慧退故退失廣大無量善法。

「復有有情從他聽聞，謂法為法，非義為義，若隨其見，彼即於法起於法想，於非義中起於義想，執法為法，非義為義；由此因緣，當知同彼退失善法。若有有情不隨其見，從彼欻聞一切諸法皆無自性，無生無滅，本來寂靜，自性涅槃，便生恐怖。生恐怖已，作如是言：『此非佛語，是魔所說。』作此解已，於是經典誹謗毀罵，由此因緣獲大衰損，觸大業障。由是緣故，我說若有於一切相起無相見，於非義中宣說為義，是起廣大業障方便。由彼陷墜無量眾生，令其獲得大業障故。

「善男子！若諸有情未種善根，未清淨障，未熟相續，無多勝解，未集福德、智慧資糧，性非質直，非質直類，雖有力能思擇廢立，而常安住自見取中。彼若聽聞如是法已，不能如實解我甚深密意言說，亦於此法不生信解，於是法中起非法想，於是義中起非義想。於是法中執為非法，於是義中執為非義，唱如是言：『此非佛語，是魔所說。』作此解已，於是經典誹謗毀罵撥為虛偽，以無量門毀滅摧伏如是經典，於諸信解此經典者起怨家想。彼先為諸業障所障，由此因緣復為如是業障所障。如是業障初易施設，乃至齊於百千俱胝那庾多劫無有出期。

「善男子！如是於我善說善制法、毘奈耶，最極清淨意樂所說善教法中，有如是等諸有情類，意解種種差別可得。」

爾時世尊欲重宣此義而說頌曰：

一切諸法皆無性，無生無滅本來寂，諸法自性恒涅槃，誰有智言無密意？
相生勝義無自性，如是我皆已顯示，若不知佛此密意，失壞正道不能往。
依諸淨道清淨者，惟依此一無第二，故於其中立一乘，非有情性無差別。
衆生界中無量生，惟度一身趣寂滅，大悲勇猛證涅槃，不捨衆生甚難得。
微妙難思無漏界，於中解脫等無差，一切義成離惑苦，二種異說謂常樂。

爾時勝義生菩薩復白佛言：「世尊！諸佛如來密意語言，甚奇希有！乃至微妙、最微妙，甚深、最甚深，難通達、最難通達！如是我今領解世尊所說義者，若於分別所行遍計所執相所依行相中，假名安立以為色蘊，或自性相，或差別相；假名安立為色蘊生，為色蘊滅，及為色蘊永斷、遍知，或自性相，或差別相，是名遍計所執相，世尊依此施設諸法相無自性性。若即分別所行遍計所執相所依行相，是名依他起相，世尊依此施設諸法生無自性性及一分勝義無自性性。如是我今領解世尊所說義者，若即於此分別所行遍計所執相所依行相中，由遍計所執相不成實故，即此自性無自性性法無我真如清淨所緣，是名圓成實相，世尊依此施設一分勝義無自性性。如於色蘊，如是於餘蘊皆應廣說。

「如於諸蘊，如是於十二處，一一處中皆應廣說。於十二有支，一一支中皆應廣說。於四種食，一一食中皆應廣說。於六界、十八界，一一界中皆應廣說。

「如是我今領解世尊所說義者，若於分別所行遍計所執相所依行相中，假名安立以為苦諦，苦諦遍知，或自性相，或差別相，是名遍計所執相，世尊依此施設諸法相無自性性。若即分別所行遍計所執相所依行相，是名依他起相，世尊依此施設諸法生無自性性及一分勝義無自性性。如是我今領解世尊所說義者，若即於此分別所行遍計所執相所依行相中，由遍計所執相不成實故，即此自性無自性性法無我真如清淨所緣，是名圓成實相，世尊依此施設一分勝義無自性性。如於苦諦，如是於餘諦皆應廣說。

「如於聖諦，如是於諸念住、正斷、神足、根、力、覺支、道支中，一一皆應廣說。

「如是我今領解世尊所說義者，若於分別所行遍計所執相所依行相中，假名安立以為正定及為正定能治所治，若正修未生令生，生已堅住不忘，倍修增長廣大，或自性相，或差別相，是名遍計所執相，世尊依此施設諸法相無自性性。若即分別所行遍計所執相所依行相，是名依他起相，世尊依此施設諸法生無自性性及一分勝義無自性性。如是我今領解世尊所說義者，若即於此分別所行遍計所執相所依行相中，由遍計所執相不成實故，即此自性無自性性法無我真如清淨所緣，是名圓成實相，世尊依此施設諸法一分勝義無自性性。

「世尊！譬如毘濕縛藥，一切散藥、仙藥方中皆應安處。如是，世尊！依此諸法皆無自性，無生無滅，本來寂靜，自性涅槃，無自性性了義言教，遍於一切不了義經，皆應安處。

「世尊！如彩畫地，遍於一切彩畫事業，皆同一味，或青、或黃、或赤、或白，復能顯發彩畫事業。如是，世尊！依此諸法皆無自性廣說乃至自性涅槃，無自性性了義言教，遍於一切不了義經，皆同一味，復能顯發彼諸經中所不了義。

「世尊！譬如一切成熟珍羞諸餅果內，投之熟酥更生勝味。如是，世尊！依此諸法皆無自性廣說乃至自性涅槃，無自性性了義言教，置於一切不了義經，生勝歡喜。

「世尊！譬如虛空遍一切處，皆同一味，不障一切所作事業。如是，世尊！依此諸法皆無自性廣說乃至自性涅槃，無自性性了義言教，遍於一切不了義經，皆同一味，不障一切聲聞、獨覺及諸大衆所修事業。」

說是語已，爾時世尊歎勝義生菩薩曰：「善哉！善哉！善男子！汝今乃能善解如來所說甚深密意言義，復於此義善作譬喻，所謂世間毘濕縛藥、雜彩畫地、熟酥、虛空。勝義生！如是！如是！更無有異。如是！如是！汝應受持。」

爾時勝義生菩薩復白佛言：「世尊初於一時，在婆羅痆斯仙人墮處施鹿林中，惟為發趣聲聞乘者，以四諦相轉正法輪，雖是甚奇，甚為希有，一切世間諸天人等，先無有能如法轉者；而於彼時所轉法輪，有上、有容，是未了義，是諸諍論安足處所。

「世尊在昔第二時中，惟為發趣修大乘者，依一切法皆無自性，無生無滅，本來寂靜，自性涅槃，以隱密相轉正法輪，雖更甚奇，甚為希有；而於彼時所轉法輪，亦是有上、有所容受，猶未了義，是諸諍論安足處所。

「世尊於今第三時中，普為發趣一切乘者，依一切法皆無自性，無生無滅，本來寂靜，自性涅槃，無自性性，以顯了相轉正法輪，第一甚奇，最為希有！于今世尊所轉法輪，無上、無容，是真了義，非諸諍論安足處所。

「世尊！若善男子或善女人於此如來依一切法皆無自性，無生無滅，本來寂靜，自性涅槃，所說甚深了義言教，聞已信解、書寫、護持、供養、流布、受誦、修習、如理思惟，以其修相發起加行，生幾所福？」

說是語已，爾時世尊告勝義生菩薩曰：「勝義生！是善男子或善女人其所生福無量無數，難可喻知，吾今為汝略說少分。如爪上土比大地土，百分不及一，千分不及一，百千分不及一，數算計喻鄔波尼殺曇分亦不及一。或如牛跡中水比四大海水，百分不及一，廣說乃至鄔波尼殺曇分亦不及一。如是於諸不了義經聞已信解，廣說乃至以其修相發起加行，所獲功德，比此所說了義經教聞已信解所集功德，廣說乃至以其修相發起加行所集功德，百分不及一，廣說乃至鄔波尼殺曇分亦不及一。」

說是語已，爾時勝義生菩薩復白佛言：「世尊！*於是解深密法門中，當何名此教？我當云何奉持？」

佛告勝義生菩薩曰：「善男子！此名勝義了義之教。於此勝義了義之教，汝當奉持。」

說此勝義了義教時，於大會中有六百千眾生發阿耨多羅三藐三菩提心，三百千聲聞遠塵離垢於諸法中得法眼淨，一百五十千聲聞永盡諸漏心得解脫，七十五千菩薩得無生法忍。

解深密經卷第二

解深密經卷第三

大唐三藏法師玄奘奉　詔譯

分別瑜伽品第六

爾時慈氏菩薩摩訶薩白佛言：「世尊！菩薩何依何住於大乘中修奢摩他、毘鉢舍那？」

佛告慈氏菩薩曰：「善男子！當知菩薩法假安立及不捨阿耨多羅三藐三菩提願為依為住，於大乘中修奢摩他、毘鉢舍那。」

慈氏菩薩復白佛言：「如世尊說四種所緣境事：一者、有分別影像所緣境事，二者、無分別影像所緣境事，三者、事邊際所緣境事，四者、所作成辦所緣境事。

於此四中，幾是奢摩他所緣境事？幾是毘鉢舍那所緣境事？幾是俱所緣境事？」

佛告慈氏菩薩曰：「善男子！一是奢摩他所緣境事，謂無分別影像。一是毘鉢舍那所緣境事，謂有分別影像。二是俱所緣境事，謂事邊際、所作成辦。」

慈氏菩薩復白佛言：「世尊！云何菩薩依是四種奢摩他、毘鉢舍那所緣境事，能求奢摩他？能善毘鉢舍那？」

佛告慈氏菩薩曰：「善男子！如我為諸菩薩所說法假安立，所謂契經、應誦、記別、諷誦、自說、因緣、譬喻、本事、本生、方廣、希法、論議。菩薩於此善聽善受，言善通利，意善尋思，見善通達。即於如所善思惟法，獨處空閑作意思惟。復即於此能思惟心，內心相續作意思惟。如是正行多安住故，起身輕安及心輕安，是名奢摩他，如是菩薩能求奢摩他。彼由獲得身心輕安為所依故，即於如所善思惟法內三摩地所行影像，觀察勝解捨離心相。即於如是三摩地影像所知義中，能正思擇，最極思擇，周遍尋思，周遍伺察，若忍、若樂、若慧、若見、若觀，是名毘鉢舍那，如是菩薩能善毘鉢舍那。」

慈氏菩薩復白佛言：「世尊！若諸菩薩緣心為境，內思惟心，乃至未得身心輕安，所有作意當名何等？」

佛告慈氏菩薩曰：「善男子！非奢摩他作意，是隨順奢摩他勝解相應作意。」

「世尊！若諸菩薩乃至未得身心輕安，於如所思所有諸法內三摩地所緣影像作意思惟，如是作意當名何等？」

「善男子！非毘鉢舍那作意，是隨順毘鉢舍那勝解相應作意。」

慈氏菩薩復白佛言：「世尊！奢摩他道與毘鉢舍那道，當言有異？當言無異？」

佛告慈氏菩薩曰：「善男子！當言非有異，非無異。何故非有異？以毘鉢舍那所緣境心為所緣故。何故非無異？有分別影像非所緣故。」

慈氏菩薩復白佛言：「世尊！諸毘鉢舍那三摩地所行影像，彼與此心當言有異？當言無異？」

佛告慈氏菩薩曰：「善男子！當言無異。何以故？由彼影像唯是識故。善男子！我說識所緣，唯識所現故。」

「世尊！若彼所行影像即與此心無有異者，云何此心還見此心？」

「善男子！此中無有少法能見少法，然即此心如是生時，即有如是影像顯現。善男子！如依善瑩清淨鏡面，以質為緣還見本質，而謂我今見於影像，及謂離質別有所行影像顯現。如是此心生時，相似有異三摩地所行影像顯現。」

「世尊！若諸有情自性而住，緣色等心所行影像，彼與此心亦無異耶？」

「善男子！亦無有異。而諸愚夫由顛倒覺，於諸影像不能如實知唯是識，作顛倒解。」

慈氏菩薩復白佛言：「世尊！齊何當言菩薩一向修毘鉢舍那？」

佛告慈氏菩薩曰：「善男子！若相續作意，唯思惟心相。」

「世尊！齊何當言菩薩一向修奢摩他？」

「善男子！若相續作意，唯思惟無間心。」

「世尊！齊何當言菩薩奢摩他、毘鉢舍那和合俱轉？」

「善男子！若正思惟心一境性。」

「世尊！云何心相？」

「善男子！謂三摩地所行有分別影像，毘鉢舍那所緣。」

「世尊！云何無間心？」

「善男子！謂緣彼影像心，奢摩他所緣。」

「世尊！云何心一境性？」

「善男子！謂通達三摩地所*行影像唯是其識，或通達此已，復思惟如性。」

慈氏菩薩復白佛言：「世尊！毘鉢舍那凡有幾種？」

佛告慈氏菩薩曰：「善男子！略有三種：一者、有相毘鉢舍那，二者、尋求毘鉢舍那，三者、伺察毘鉢舍那。云何有相毘鉢舍那？謂純思惟三摩地所行有分別影像毘鉢舍那。云何尋求毘鉢舍那？謂由慧故遍於彼彼未善解了一切法中，為善了故，作意思惟毘鉢舍那。云何伺察毘鉢舍那？謂由慧故遍於彼彼已善解了一切法中，為善證得極解脫故，作意思惟毘鉢舍那。」

慈氏菩薩復白佛言：「世尊！是奢摩他凡有幾種？」

佛告慈氏菩薩曰：「善男子！即由隨彼無間心故，當知此中亦有三種。復有八種，謂初靜慮乃至非想非非想處，各有一種奢摩他故。復有四種，謂慈、悲、喜、捨四無量中，各有一種奢摩他故。」

慈氏菩薩復白佛言：「世尊！如說依法奢摩他、毘鉢舍那，復說不依法奢摩他、毘鉢舍那，云何名依法奢摩他、毘鉢舍那？云何復名不依法奢摩他、毘鉢舍那？」

佛告慈氏菩薩曰：「善男子！若諸菩薩隨先所受所思法相，而於其義得奢摩他、毘鉢舍那，名依法奢摩他、毘鉢舍那。若諸菩薩不待所受所思法相，但依於他教誡教授，而於其義得奢摩他、毘鉢舍那，謂觀青瘀及膿爛等，或一切行皆是無常，或諸行苦，或一切法皆無有我，或復涅槃畢竟寂靜，如是等類奢摩他、毘鉢舍那，名不依法奢摩他、毘鉢舍那。由依止法得奢摩他、毘鉢舍那故，我施設隨法行菩薩是利根性。由不依法得奢摩他、毘鉢舍那故，我施設隨信行菩薩是鈍根性。」

慈氏菩薩復白佛言：「世尊！如說緣別法奢摩他、毘鉢舍那，復說緣總法奢摩他、毘鉢舍那，云何名為緣別法奢摩他、毘鉢舍那？云何復名緣總法奢摩他、毘鉢舍那？」

佛告慈氏菩薩曰：「善男子！若諸菩薩緣於各別契經等法，於如所受所思惟法，修奢摩他、毘鉢舍那，是名緣別法奢摩他、毘鉢舍那。若諸菩薩即緣一切契經等法，集為一團、一積、一分、一聚作意思惟：『此一切法隨順真如，趣向真如，臨入真如，隨順菩提，隨順涅槃，隨順轉依，及趣向彼、若臨入彼此一切法，宣說無量無數善法。』如是思惟修奢摩他、毘鉢舍那，是名緣總法奢摩他、毘鉢舍那。」

慈氏菩薩復白佛言：「世尊！如說緣小總法奢摩他、毘鉢舍那，復說緣大總法奢摩他、毘鉢舍那，又說緣無量總法奢摩他、毘鉢舍那，云何名緣小總法奢摩他、毘鉢舍那？云何名緣大總法奢摩他、毘鉢舍那？云何復名緣無量總法奢摩他、毘鉢舍那？」

佛告慈氏菩薩曰：「善男子！若緣各別契經，乃至各別論義，為一團等作意思惟，當知是名緣小總法奢摩他、毘鉢舍那。若緣乃至所受所思契經等法，為一團等作意思惟，非緣各別，當知是名緣大總法奢摩他、毘鉢舍那。若緣無量如來法教，無量法句文字，無量後後慧所照了，為一團等作意思惟，非緣乃至所受所思，當知是名緣無量總法奢摩他、毘鉢舍那。」

慈氏菩薩復白佛言：「世尊！菩薩齊何名得緣總法奢摩他、毘鉢舍那？」

佛告慈氏菩薩曰：「善男子！由五緣故，當知名得：一者、於思惟時，剎那剎那融銷一切麁重所依。二者、離種種想，得樂法樂。三者、解了十方無差別相無量法光。四者、所作成滿相應淨分⊙別無分別相，恒現在前。五者、為令法身得成滿故，攝受後後轉勝妙因。」

慈氏菩薩復白佛言：「世尊！此緣總法奢摩他、毘鉢舍那，當知從何名為通達？從何名得？」

佛告慈氏菩薩曰：「善男子！從初極喜地名為通達，從第三發光地乃名為得。善男子！初業菩薩亦於是中隨學作意，雖未可歎，不應懈廢。」

慈氏菩薩復白佛言：「世尊！是奢摩他、毘鉢舍那，云何名有尋有伺三摩地？云何名無尋唯伺三摩地？云何名無尋無伺三摩地？」

佛告慈氏菩薩曰：「善男子！於如所取尋伺法相，若有麁顯領受觀察諸奢摩他、毘鉢舍那，是名有尋有伺三摩地。若於彼相雖無麁顯領受觀察，而有微細彼光明念領受觀察諸奢摩他、毘鉢舍那，是名無尋唯伺三摩地。若即於彼一切法相都無作意領受觀察諸奢摩他、毘鉢舍那，是名無尋無伺三摩地。復次，善男子！若有尋求奢摩他、毘鉢舍那，是名有尋有伺三摩地。若有伺察奢摩他、毗鉢舍那，是名無尋唯伺三摩地。若緣總法奢摩他、毘鉢舍那，是名無尋無伺三摩地。」

慈氏菩薩復白佛言：「世尊！云何止相？云何舉相？云何捨相？」

佛告慈氏菩薩曰：「善男子！若心掉舉，或恐掉舉時，諸可厭法作意及彼無間心作意，是名止相。若心沈沒，或恐沈沒時，諸可欣法作意及彼心相作意，是名舉相。若於一向止道，或於一向觀道，或於雙運轉道，二隨煩惱所染污時，諸無功用作意，及心任運轉中所有作意，是名捨相。」

慈氏菩薩復白佛言：「世尊！修奢摩他、毘鉢舍那諸菩薩眾知法知義，云何知法？云何知義？」

佛告慈氏菩薩曰：「善男子！彼諸菩薩由五種相了知於法：一者、知名，二者、知句，三者、知文，四者、知別，五者、知總。云何為名？謂於一切染淨法中，所立自性想假施設。云何為句？謂即於彼名聚集中，能隨宣說諸染淨義依持建立。云何為文？謂即彼二所依止字。云何於彼各別了知？謂由各別所緣作意。云何於彼總合了知？謂由總合所緣作意。如是一切總略為一，名為知法，如是名為菩薩知法。

「善男子！彼諸菩薩由十種相了知於義：一者、知盡所有性，二者、知如所有性，三者、知能取義，四者、知所取義，五者、知建立義，六者、知受用義，七者、知顛倒義，八者、知無倒義，九者、知雜染義，十者、知清淨義。

「善男子！盡所有性者，謂諸雜染清淨法中，所有一切品別邊際，是名此中盡所有性。如五數蘊、六數內處、六數外處，如是一切。

「如所有性者，謂即一切染淨法中所有真如，是名此中如所有性。此復七種：一者、流轉真如，謂一切行無先後性。二者、相真如，謂一切法補特伽羅無我性及法無我性。三者、了別真如，謂一切行唯是識性。四者、安立真如，謂我所說諸苦聖諦。五者、邪行真如，謂我所說諸集聖諦。六者、清淨真如，謂我所說諸滅聖諦。七者、正行真如，謂我所說諸道聖諦。當知此中由流轉真如、安立真如、邪行真如故，一切有情平等平等。由相真如、了別真如故，一切諸法平等平等。由清淨真如故，一切聲聞菩提、獨覺菩提、阿耨多羅三藐三菩提平等平等。由正行真如故，聽聞正法，緣總境界勝奢摩他、毘鉢舍那所攝受慧，平等平等。

「能取義者，謂內五色處、若心、意、識及諸心法。

「所取義者，謂外六處。又能取義亦所取義。

「建立義者，謂器世界於中可得建立一切諸有情界。謂一村田，若百村田、若千村田、若百千村田；或一大地至海邊際，此百、此千、若此百千；或一贍部洲，此百、此千、若此百千；或一四大洲，此百、此千、若此百千；或一小千世界，此百、此千、若此百千；或一中千世界，此百、此千、若此百千；或一三千大千世界，此百、此千、若此百千，或此拘胝、此百拘胝、此千拘胝、此百千拘胝，或此無數、此百無數、此千無數、此百千無數；或三千大千世界無數，百千微塵量等，於十方面無量無數諸器世界。

「受用義者，謂我所說諸有情類為受用故，攝受資具。

「顛倒義者，謂即於彼能取等義，無常計常，想倒、心倒、見倒；苦計為樂，不淨計淨，無我計我，想倒、心倒、見倒。

「無倒義者，與上相違，能對治彼，應知其相。

「雜染義者，謂三界中三種雜染：一者、煩惱雜染，二者、業雜染，三者、生雜染。

「清淨義者，謂即如是三種雜染，所有離繫菩提分法。

「善男子！如是十種，當知普攝一切諸義。

「復次，善男子！彼諸菩薩由能了知五種義故，名為知義。何等五義？一者、遍知事，二者、遍知義，三者、遍知因，四者、得遍知果，五者、於此覺了。「善男子！此中遍知事者，當知即是一切所知，謂或諸蘊、或諸內處、或諸外處，如是一切。

「遍知義者，乃至所有品類差別所應知境，謂世俗故，或勝義故，或功德故，或過失故，緣故，世故，或生、或住、或壞相故，或如病等故，或苦集等故，或真如、實際、法界等故，或廣略故，或一向記故，或分別記故，或反問記故，或置記故，或隱密故，或顯了故。如是等類，當知一切名遍知義。

「言遍知因者，當知即是能取前二菩提分法，所謂念住或正斷等。

「得遍知果者，謂貪、恚、癡永斷毘奈耶，及貪、恚、癡一切永斷諸沙門果，及我所說聲聞、如來，若共、不共，世、出世間所有功德，於彼作證。

「於此覺了者，謂即於此作證法中諸解脫智，廣為他說宣揚開示。善男子！如是五義，當知普攝一切諸義。

「復次，善男子！彼諸菩薩由能了知四種義故，名為知義。何等四義？一者、心執受義，二者、領納義，三者、了別義，四者、雜染清淨義。善男子！如是四義，當知普攝一切諸義。

「復次，善男子！彼諸菩薩由能了知三種義故，名為知義。何等三義？一者、文義，二者、義義，三者、界義。善男子！言文義者，謂名身等。義義當知復有十種：一者、真實相，二者、遍知相，三者、永斷相，四者、作證相，五者、修習相，六者、即彼真實相等品⊙類差別相，七者、所依能依相屬相，八者、即遍知等障礙法相，九者、即彼隨順法相，十者、不遍知等及遍知等過患功德相。言界義者，謂五種界：一者、器世界，二者、有情界，三者、法界，四者、所調伏界，五者、調伏方便界。善男子！如是五義，當知普攝一切諸義。」

慈氏菩薩復白佛言：「世尊！若聞所成慧了知其義，若思所成慧了知其義，若奢摩他、毘鉢舍那修所成慧了知其義，此何差別？」

佛告慈氏菩薩曰：「善男子！聞所成慧依止於文，但如其說，未善意趣，未現在前，隨順解脫，未能領受成解脫義。思所成慧亦依於文，不唯如說，能善意趣，未現在前，轉順解脫，未能領受成解脫義。若諸菩薩修所成慧亦依於文，亦不依文，亦如其說，亦不如說，能善意趣，所知事同分三摩地所行影像現前，極順解脫，已能領受成解脫義。善男子！是名三種知義差別。」

慈氏菩薩復白佛言：「世尊！修奢摩他、毘鉢舍那諸菩薩眾知法知義，云何為智？云何為見？」

佛告慈氏菩薩曰：「善男子！我無量門宣說智、見二種差別，今當為汝略說其相。若緣總法修奢摩他、毘鉢舍那所有妙慧，是名為智。若緣別法修奢摩他、毗鉢舍那所有妙慧，是名為見。」

慈氏菩薩復白佛言：「世尊！修奢摩他、毘鉢舍那諸菩薩眾，由何作意何等？云何除遣諸相？」

佛告慈氏菩薩曰：「善男子！由真如作意，除遣法相及與義相。若於其名及名自性無所得時，亦不觀彼所依之相，如是除遣。如於其名，於句、於文、於一切義，當知亦爾。乃至於界及界自性無所得時，亦不觀彼所依之相，如是除遣。」

「世尊！諸所了知真如義相，此真如相亦可遣不？」

「善男子！於所了知真如義中，都無有相，亦無所得，當何所遣？善男子！我說了知真如義時，能伏一切法義之相，非此了達餘所能伏。」

「世尊！如世尊說濁水器喻、不淨鏡喻、撓泉池喻，不任觀察自面影相；若堪任者，與上相違。如是若有不善修心，則不堪任如實觀察所有真如；若善修心，堪任觀察。此說何等能觀察心？依*何真如而作是說？」

「善男子！此說三種能觀察心，謂聞所成能觀察心、若思所成能觀察心、若修所成能觀察心，依了別真如作如是說。」

「世尊！如是了知法義菩薩為遣諸相勤修加行，有幾種相難可除遣？誰能除遣？」

「善男子！有十種相，空能除遣。何等為十？一者、了知法義故，有種種文字相。此由一切法空，能正除遣。二者、了知安立真如義故，有生、滅、住、異性相續隨轉相。此由相空及無先後空，能正除遣。三者、了知能取義故，有顧戀身相及我慢相。此由內空及無所得空，能正除遣。四者、了知所取義故，有顧戀財相。此由外空，能正除遣。五者、了知受用義、男女承事資具相應故，有內安樂相、外淨妙相。此由內外空及本性空，能正除遣。六者、了知建立義故，有無量相。此由大空，能正除遣。七者、了知無色故，有內寂靜解脫相。此由有為空，能正除遣。八者、了知相真如義故，有補特伽羅無我相、法無我相，若唯識相及勝義相。此由畢竟空、無性空、無性自性空及勝義空，能正除遣。九者、由了知清淨真如義故，有無為相、無變異相。此由無為空、無變異空，能正除遣。十者、即於彼相對治空性，作意思惟故，有空性相。此由空空，能正除遣。」

「世尊！除遣如是十種相時，除遣何等？從何等相而得解脫？」

「善男子！除遣三摩地所行影像相，從雜染縛相而得解脫，彼亦除遣。善男子！當知就勝說如是空治如是相，非不一一治一切相。譬如無明，非不能生乃至老死諸雜染法。就勝但說能生於行，由是諸行親近緣故，此中道理當知亦爾。」

爾時慈氏菩薩復白佛言：「世尊！此中何等空是總空性相？若諸菩薩了知是已，無有失壞於空性相，離增上慢？」

爾時世尊歎慈氏菩薩曰：「善哉！善哉！善男子！汝今乃能請問如來如是深義，令諸菩薩於空性相無有失壞。何以故？善男子！若諸菩薩於空性相有失壞者，便為失壞一切大乘，是故汝應諦聽！諦聽！當為汝說總空性相。善男子！若於依他起相及圓成實相中，一切品類雜染清淨遍計所執相畢竟遠離性，及於此中都無所得，如是名為於大乘中總空性相。」

慈氏菩薩復白佛言：「世尊！此奢摩他、毘鉢舍那能攝幾種勝三摩地？」

佛告慈氏菩薩曰：「善男子！如我所說無量聲聞、菩薩、如來，有無量種勝三摩地，當知一切皆此所攝。」

「世尊！此奢摩他、毘鉢舍那以何為因？」

「善男子！清淨尸羅、清淨聞思所成正見，以為其因。」

「世尊！此奢摩他、毘鉢舍那以何為果？」

「善男子！善③清淨心、善清淨慧，以為其果。復次，善男子！一切聲聞及如來等，所有世間及出世間一切善法，當知皆是此奢摩他、毘鉢舍那所得之果。」

「世尊！此奢摩他、毘鉢舍那能作何業？」

「善男子！此能解脫二縛為業，所謂相縛及麁重縛。」

「世尊！如佛所說五種繫中，幾是奢摩他障？幾是毘鉢舍那障？幾是俱障？」

「善男子！顧戀身財，是奢摩他障。於諸聖教，不得隨欲，是毘鉢舍那障。樂相雜住，於少喜足，當知俱障。由第一故，不能造修。由第二故，所修加行不到究竟。」

「世尊！於五蓋中，幾是奢摩他障？幾是毘鉢舍那障？幾是俱障？」

「善男子！掉舉、惡作，是奢摩他障。惛沈、睡眠、疑，是毘鉢舍那障。貪欲、瞋恚，當知俱障。」

「世尊！齊何名得奢摩他道圓滿清淨？」

「善男子！乃至所有惛沈、睡眠正善除遣，齊是名得奢摩他道圓滿清淨。」

「世尊！齊何名得毘鉢舍那道圓滿清淨？」

「善男子！乃至所有掉舉、惡作正善除遣，齊是名得毘鉢舍那道圓滿清淨。」

「世尊！若諸菩薩於奢摩他、毘鉢舍那現在前時，應知幾種心散動法？」

「善男子！應知五種：一者、作意散動，二者、外心散動，三者、內心散動，四者、相散動，五者、麁重散動。善男子！若諸菩薩捨於大乘相應作意，墮在聲聞、獨覺相應諸作意中，當知是名作意散動。若於其外五種妙欲諸雜亂相，所有尋思隨煩惱中，及於其外所緣境中縱心流散，當知是名外心散動。若由惛沈及以睡眠，或由沈沒，或由愛味三摩鉢底，或由隨一三摩鉢底，諸隨煩惱之所染污，當知是名內心散動。若依外相，於內等持所行諸相作意思惟，名相散動。若內作意為緣生起所有諸受，由麁重身計我起慢，當知是名麁重散動。」

「世尊！此奢摩他、毘鉢舍那，從初菩薩地乃至如來地，能對治何障？」

「善男子！此奢摩他、毘鉢舍那，於初地中對治惡趣煩惱業生雜染障，第二地中對治微細誤犯現行障，第三地中對治欲貪障，第四地中對治定愛及法愛障，第五地中對治生死涅槃一向背趣障，第六地中對治相多現行障，第七地中對治細相現行障，第八地中對治於無相作功用及於有相不得自在障，第九地中對治於一切種善巧言辭不得自在障，第十地中對治不得圓滿法身證得障。善男子！此奢摩他、毘鉢舍那，於如來地對治極微細、最極微細煩惱障及所知障。由能永害如是障故，究竟證得無著無礙一切智見，依於所作成滿所緣，建立最極清淨法身。」

慈氏菩薩復白佛言：「世尊！云何菩薩依奢摩他、毘鉢舍那勤修行故，證得阿耨多羅三藐三菩提？」

佛告慈氏菩薩曰：「善男子！若諸菩薩已得奢摩他、毘鉢舍那，依七真如，於如所聞所思法中，由勝定心，於善審定，於善思量，於善安立真如性中，內正思惟。彼於真如正思惟故，心於一切細相現行尚能棄捨，何況麁相！

「善男子！言細相者，謂心所執受相，或領納相，或了別相，或雜染清淨相，或內相，或外相，或內外相，或謂我當修行一切利有情相，或正智相，或真如相，或苦、集、滅、道相，或有為相，或無為相，或有常相，或無常相，或苦有變異性相，或苦無變異性相，或有為異相相，或有為同相相，或知一切是一切已有一切相，或補特伽羅無我相，或法無我相。於彼現行心能棄捨，彼既多住如是行故，於時時間，從其一切繫蓋散動善修治心。從是已後，於七真如，有七各別自內所證通達智生，名為見道。由得此故，名入菩薩正性離生，生如來家，證得初地，又能受用此地勝德。彼於先時，由得奢摩他、毘鉢舍那故，已得二種所緣，謂有分別影像所緣，及無分別影像所緣。彼於今時得見道故，更證得事邊際所緣。復於後後一切地中進修修道，即於如是三種所緣作意思惟。

「譬如有人，以其細楔出於麁楔。如是菩薩依此以楔出楔方便遣內相故，一切隨順雜染分相皆悉除遣，相除遣故麁重亦遣。永害一切相麁重故，漸次於彼後後地中，如煉金法陶煉其心，乃至證得阿耨多羅三藐三菩提，又得所作成滿所緣。善男子！如是菩薩於內止觀正修行故，證得阿耨多羅三藐三菩提。」

慈氏菩薩復白佛言：「世尊！云何修行引發菩薩廣大威德？」

「善男子！若諸菩薩善知六處，便能引發菩薩所有廣大威德。一者、善知心生，二者、善知心住，三者、善知心出，四者、善知心增，五者、善知心滅，六者、善知方便。

「云何善知心生？謂如實知十六行心生起差別，是名善知心生。十六行心生起差別者：一者、不可覺知堅住器識生，謂阿陀那識。二者、種種行相所緣識生，謂頓取一切色等境界分別意識，及頓取內外境界覺受，或頓於一念瞬息須臾現入多定，見多佛土，見多如來，分別意識。三者、小相所緣識生，謂欲界繫識。四者、大相所緣識生，謂色界繫識。五者、無量相所緣識生，謂空識無邊處繫識。六者、微細相所緣識生，謂無所有處繫識。七者、邊際相所緣識生，謂非想非非想處繫識。八者、無相識生，謂出世識及緣滅識。九者、苦俱行識生，謂地獄識。十者、雜受俱行識生，謂欲行識。十一、喜俱行識生，謂初、二靜慮識。十二、樂俱行識生，謂第三靜慮識。十三、不苦不樂俱行識生，謂從第四靜慮，乃至非想非非想處識。十四、染污俱行識生，謂諸煩惱及隨煩惱相應識。十五、善俱行識生，謂信等相應識。十六、無記俱行識生，謂彼俱不相應識。

「云何善知心住？謂如實知了別真如。

「云何善知心出？謂如實知出二種縛，所謂相縛及麁重縛。此能善知，應令其心從如是出。

「云何善知心增？謂如實知能治相縛、麁重縛心，彼增長時，彼積集時，亦得增長，亦得積集，名善知增。

「云何善知心滅？謂如實知彼所對治相及麁重所雜染心，彼衰退時，彼損減時，此亦衰退，此亦損減，名善知減。

「云何善知方便？謂如實知解脫、勝處及與遍處，或修或遣。

「善男子！如是菩薩於諸菩薩廣大威德，或已引發，或當引發，或現引發。」

慈氏菩薩復白佛言：「世尊！如世尊說，於無餘依涅槃界中，一切諸受無餘永滅，何等諸受於此永滅？」

「善男子！以要言之，有二種受無餘永滅。何等為二？一者、所依麁重受，二者、彼果境界受。所依麁重受當知有四種：一者、有色所依受，二者、無色所依受，三者、果已成滿麁重受，四者、果未成滿麁重受。果已成滿受者，謂現在受；果未成滿受者，謂未來因受。彼果境界，受亦有四種：一者、依持受，二者、資具受，三者、受用受，四者、顧戀受。於有餘依涅槃界中，果未成滿受，一切已滅。領彼對治明觸生受，領受共有，或復彼果已成滿受。又二種受一切已滅，唯現領受明觸生受，於無餘依涅槃界中般涅槃時，此亦永滅。是故說言於無餘依涅槃界中，一切諸受無餘永滅。」

爾時世尊說是語已，復告慈氏菩薩曰：「善哉！善哉！善男子！汝今善能依止圓滿最極清淨妙瑜伽道，請問如來。汝於瑜伽已得決定最極善巧，吾已為汝宣說圓滿最極清淨妙瑜伽道，所有一切過去、未來正等覺者，已說、當說皆亦如是。諸善男子、若善女人，皆應依此勇猛精進當正修學。」

爾時世尊欲重宣此義而說頌曰：

於法假立瑜伽中，若行放逸失大義，依止此法及瑜伽，若正修行得大覺。
見有所得求免*難，若謂此見為得法，慈氏彼去瑜伽遠，譬如大地與虛空。

利生堅固而不作，悟已勤修利有情，智者作此窮劫量，便得最上離染喜。
若人為欲而說法，彼名捨欲還取欲，愚癡得法無價寶，反更遊行而乞匈。
於諍諠雜戲論著，應捨發起上精進，為度諸天及世間，於此瑜伽汝當學。

爾時慈氏菩薩復白佛言：「世尊！於是解深密法門中，當何名此教？我當云何奉持？」

佛告慈氏菩薩曰：「善男子！此名瑜伽了義之教，於此瑜伽了義之教汝當奉持。」

說此瑜伽了義教時，於大會中有六百千眾生發阿耨多羅三藐三菩提心，三百千聲聞遠塵離垢於諸法中得法眼淨，一百五十千聲聞諸漏永盡心得解脫，七十五千菩薩獲得廣大瑜伽作意。

解深密經卷第三

解深密經卷第四

大唐三藏法師玄奘奉　詔譯

地波羅蜜多品第七

爾時觀自在菩薩白佛言：「世尊！如佛所說菩薩十地，所謂極喜地、離垢地、發光地、焰慧地、極難勝地、現前地、遠行地、不動地、善慧地、法雲地，復說佛地為第十一。如是諸地，幾種清淨？幾分所攝？」

爾時世尊告觀自在菩薩曰：「善男子！當知諸地，四種清淨，十一分攝。「云何名為四種清淨能攝諸地？謂增上意樂清淨攝於初地，增上戒清淨攝第二地，增上心清淨攝第三地，增上慧清淨於後後地轉勝妙故，當知能攝從第四地乃至佛地。善男子！當知如是四種清淨普攝諸地。

「云何名為十一種分能攝諸地？

「謂諸菩薩先於勝解行地，依十法行，極善修習勝解忍故，超過彼地，證入菩薩正性離生，彼諸菩薩由是因緣，此分圓滿。而未能於微細毀犯誤現行中正知而行，由是因緣，於此分中猶未圓滿。

「為令此分得圓滿故，精勤修習便能證得，彼諸菩薩由是因緣，此分圓滿。而未能得世間圓滿等持、等至及圓滿聞持陀羅尼，由是因緣，於此分中猶未圓滿。

「為令此分得圓滿故，精勤修習便能證得，彼諸菩薩由是因緣，此分圓滿。而未能令隨所獲得菩提分法多修習住，心未能捨諸等至愛及與法愛，由是因緣，於此分中猶未圓滿。

「為令此分得圓滿故，精勤修習便能證得，彼諸菩薩由是因緣，此分圓滿。而未能於諸諦道理如實觀察，又未能於生死涅槃棄捨一向背趣作意，又未能修方便所攝菩提分法，由是因緣，於此分中猶未圓滿。

「為令此分得圓滿故，精勤修習便能證得，彼諸菩薩由是因緣，此分圓滿。而未能於生死流轉如實觀察，又由於彼多生厭故，未能多住無相作意，由是因緣，於此分中猶未圓滿。

「為令此分得圓滿故，精勤修習便能證得，彼諸菩薩由是因緣，此分圓滿。而未能令無相作意無缺無間、多修習住，由是因緣，於此分中猶未圓滿。

「為令此分得圓滿故，精勤修習便能證得，彼諸菩薩由是因緣，此分圓滿。而未能於無相住中捨離功用，又未能得於相自在，由是因緣，於此分中猶未圓滿。

「為令此分得圓滿故，精勤修習便能證得，彼諸菩薩由是因緣，此分圓滿。而未能於異名衆相、訓詞差別、一切品類宣說法中得大自在，由是因緣，於此分中猶未圓滿。

「為令此分得圓滿故，精勤修習便能證得，彼諸菩薩由是因緣，此分圓滿。而未能得圓滿法身現前證受，由是因緣，於此分中猶未圓滿。

「為令此分得圓滿故，精勤修習便能證得，彼諸菩薩由是因緣，此分圓滿。

而未能得遍於一切所知境界無著無礙妙智妙見，由是因緣，於此分中猶未圓滿。「為令此分得圓滿故，精勤修習便能證得，由是因緣，此分圓滿。此分滿故，於一切分皆得圓滿。

「善男子！當知如是十一種分普攝諸地。」

觀自在菩薩復白佛言：「世尊！何緣最初名極喜地？乃至何緣說名佛地？」

佛告觀自在菩薩曰：「善男子！成就大義，得未曾得出世間心，生大歡喜，是故最初名極喜地。遠離一切微細犯戒，是故第二名離垢地。由彼所得三摩地及聞持陀羅尼，能為無量智光依止，是故第三名發光地。由彼所得菩提分法，燒諸煩惱智如火焰，是故第四名焰慧地。由即於彼菩提分法方便修習，最極艱難方得自在，是故第五名極難勝地。現前觀察諸行流轉，又於無相多修作意方現在前，是故第六名現前地。能遠證入無缺無間無相作意，與清淨地共相隣接，是故第七名遠行地。由於無相得無功用，於諸相中不為現行煩惱所動，是故第八名不動地。於一切種說法自在，獲得無*礙廣大智慧，是故第九名善慧地。麁重之身廣如虛空，法身圓滿譬如大雲皆能遍覆，是故第十名法雲地。永斷最極微細煩惱及所知障，無著無礙，於一切種所知境界現正等覺，故第十一說名佛地。」

觀自在菩薩復白佛言：「於此諸地有幾愚癡、有幾麁重，為所對治？」

佛告觀自在菩薩曰：「善男子！此諸地中，有二十二種愚癡、十一種麁重，為所對治。謂於初地有二愚癡：一者、執著補特伽羅及法愚癡，二者、惡趣雜染愚癡，及彼麁重，為所對治。於第二地有二愚癡：一者、微細誤犯愚癡，二者、種種業趣愚癡，及彼麁重，為所對治。於第三地有二愚癡：一者、欲貪愚癡，二者、圓滿聞持陀羅尼愚癡，及彼麁重，為所對治。於第四地有二愚癡：一者、等至愛愚癡，二者、法愛愚癡，及彼麁重，為所對治。於第五地有二愚癡：一者、一向作意棄背生死愚癡，二者、一向作意趣向涅槃愚癡，及彼麁重，為所對治。於第六地有二愚癡：一者、現前觀察諸行流轉愚癡，二者、相多現行愚癡，及彼麁重，為所對治。於第七地有二愚癡：一者、微細相現行愚癡，二者、一向無相作意方便愚癡，及彼麁重，為所對治。於第八地有二愚癡：一者、於無相作功用愚癡，二者、於相自在愚癡，及彼麁重，為所對治。於第九地有二愚癡：一者、於無量說法、無量法句文字後後慧辯陀羅尼自在愚癡，二者、辯才自在愚癡，及彼麁重，為所對治。於第十地有二愚癡：一者、大神通愚癡，二者、悟入微細祕密愚癡，及彼麁重，為所對治。於如來地有二愚癡：一者、於一切所知境界極微細著愚癡，二者、極微細礙愚癡，及彼麁重，為所對治。善男子！由此二十二種愚癡及十一種麁重故，安立諸地，而阿耨多羅三藐三菩提離彼繫縛。」

觀自在菩薩復白佛言：「世尊！阿耨多羅三藐三菩提甚奇希有！乃至成就大利大果，令諸菩薩能破如是大愚癡羅網，能越如是大麁重稠林，現前證得阿耨多羅三藐三菩提！」

觀自在菩薩復白佛言：「世尊！如是諸地幾種殊勝之所安立？」

佛告觀自在菩薩曰：「善男子！略有八種：一者、增上意樂清淨，二者、心清淨，三者、悲清淨，四者、到彼岸清淨，五者、見佛供養承事清淨，六者、成熟有情清淨，七者、生清淨，八者、威德清淨。善男子！於初地中，所有增上意樂清淨乃至威德清淨。後後諸地乃至佛地，所有增上意樂清淨乃至威德清淨，當知彼諸清淨展轉增勝，唯於佛地除生清淨。又初地中所有功德，於上諸地平等皆有，當知自地功德殊勝。一切菩薩十地功德皆是有上，佛地功德當知無上。」

觀自在菩薩復白佛言：「世尊！何因緣故，說菩薩生於諸有生最為殊勝？」

佛告觀自在菩薩曰：「善男子！四因緣故：一者、極淨善根所集起故，二者、故意思擇力所取故，三者、悲愍濟度諸衆生故，四者、自能無染除他染故。」

觀自在菩薩復白佛言：「世尊！何因緣故，說諸菩薩行廣大願、妙願、勝願？」

佛告觀自在菩薩曰：「善男子！四因緣故，謂諸菩薩能善了知涅槃樂住堪能速證，而復棄捨速證樂住，無緣無待發大願心，為欲利益諸有情故處多種種長時大苦，是故我說彼諸菩薩行廣大願、妙願、勝願。」

觀自在菩薩復白佛言：「世尊！是諸菩薩凡有幾種所應學事？」

佛告觀自在菩薩曰：「善男子！菩薩學事略有六種，所謂布施、持戒、忍辱、精進、靜慮、◎智慧到彼岸。」

觀自在菩薩復白佛言：「世尊！如是六種所應學事，幾是增上戒學所攝？幾是增上心學所攝？幾是增上慧學所攝？」

佛告觀自在菩薩曰：「善男子！當知初三但是增上戒學所攝，靜慮一種但是增上心學所攝，慧是增上慧學所攝，我說精進遍於一切。」

觀自在菩薩復白佛言：「世尊！如是六種所應學事，幾是福德資糧所攝？幾是智慧資糧所攝？」

佛告觀自在菩薩曰：「善男子！若增上戒學所攝者，是名福德資糧所攝。若增上慧學所攝者，是名智慧資糧所攝。我說精進、靜慮二種遍於一切。」

觀自在菩薩復白佛言：「世尊！於此六種所學事中，菩薩云何應當修學？」

佛告觀自在菩薩曰：「善男子！由五種相應當修學：一者、最初於菩薩藏波羅蜜多相應微妙正法教中，猛利信解。二者、次於十種法行，以聞、思、修所成妙智精進修行。三者、隨護菩提之心。四者、親近真善知識。五者、無間勤修善品。」

觀自在菩薩復白佛言：「世尊！何因緣故，施設如是所應學事但有六數？」

佛告觀自在菩薩曰：「善男子！二因緣故：一者、饒益諸有情故，二者、對治諸煩惱故。當知前三饒益有情，後三對治一切煩惱。前三饒益諸有情者，謂諸菩薩由布施故，攝受資具，饒益有情；由持戒故，不行損害、逼迫、惱亂，饒益有情；由忍辱故，於彼損害、逼迫、惱亂堪能忍受，饒益有情。後三對治諸煩惱者，謂諸菩薩由精進故，雖未永伏一切煩惱，亦未永害一切隨眠，而能勇猛修諸善品，彼諸煩惱不能傾動善品加行；由靜慮故，永伏煩惱；由般若故，永害隨眠。」

觀自在菩薩復白佛言：「世尊！何因緣故，施設所餘波羅蜜多但有四數？」

佛告觀自在菩薩曰：「善男子！由前六種波羅蜜多為助伴故。謂諸菩薩於前三種波羅蜜多所攝有情，以諸攝事方便善巧而攝受之，安置善品，是故我說方便善巧波羅蜜多，與前三種而為助伴。

「若諸菩薩於現法中煩惱多故，於修無間無有堪能，羸劣意樂故，下界勝解故，於內心住無有堪能，於菩薩藏不能聞緣善修習故，所有靜慮不能引發出世間慧。彼便攝受少分狹劣福德資糧，為未來世煩惱輕微心生正願，如是名願波羅蜜多。由此願故，煩惱微薄能修精進，是故我說願波羅蜜多與精進波羅蜜多而為助伴。

「若諸菩薩親近善士，聽聞正法，如理作意，為因緣故，轉劣意樂成勝意樂，亦能獲得上界勝解，如是名力波羅蜜多。由此力故，於內心住有所堪能，是故我說力波羅蜜多與靜慮波羅蜜多而為助伴。

「若諸菩薩於菩薩藏已能聞緣善修習故，能發靜慮，如是名智波羅蜜多。由此智故，堪能引發出世間慧，是故我說智波羅蜜多與慧波羅蜜多而為助伴。」

觀自在菩薩復白佛言：「世尊！何因緣故，宣說六種波羅蜜多如是次第？」

佛告觀自在菩薩曰：「善男子！能為後後引發依故。謂諸菩薩若於身財無所顧恪，便能受持清淨禁戒，為護禁戒便修忍辱，修忍辱已能發精進，發精進已能辦靜慮，具靜慮已便能獲得出世間慧，是故我說波羅蜜多如是次第。」

觀自在菩薩復白佛言：「世尊！如是六種波羅蜜多，各有幾種品類差別？」

佛告觀自在菩薩曰：「善男子！各有三種。施三種者：一者、法施，二者、財施，三者、無畏施。戒三種者：一者、轉捨不善戒，二者、轉生善戒，三者、轉生饒益有情戒。忍三種者：一者、耐怨害忍，二者、安受苦忍，三者、諦察法忍。精進三種者：一者、被甲精進，二者、轉生善法加行精進，三者、饒益有情加行精進。靜慮三種者：一者、無分別寂靜極寂靜無罪故，對治煩惱衆苦樂住靜慮，二者、引發功德靜慮，三者、引發饒益有情靜慮。慧三種者：一者、緣世俗諦慧，二者、緣勝義諦慧，三者、緣饒益有情慧。」

觀自在菩薩復白佛言：「世尊！何因緣故，波羅蜜多說名波羅蜜多？」

佛告觀自在菩薩曰：「善男子！五因緣故：一者、無染著故，二者、無顧戀故，三者、無罪過故，四者、無分別故，五者、正迴向故。無染著者，謂不染著波羅蜜多諸相違事。無顧戀者，謂於一切波羅蜜多諸果異熟及報恩中，心無繫縛。無罪過者，謂於如是波羅蜜多無間雜染法，離非方便行。無分別者，謂於如是波羅蜜多不如言詞執著自相。正迴向者，謂以如是所作所集波羅蜜多迴求無上大菩提果。」

「世尊！何等名為波羅蜜多諸相違事？」

「善男子！當知此事略有六種：一者、於喜樂欲財富自在，諸欲樂中深見功德及與勝利。二者、於隨所樂縱身、語、意，而現行中深見功德及與勝利。三者、於他輕蔑不堪忍中，深見功德及與勝利。四者、於不勤修著欲樂中，深見功德及與勝利。五者、於處憒*鬧世雜亂行，深見功德及與勝利。六者、於見聞覺知言說戲論，深見功德及與勝利。」

「世尊！如是一切波羅蜜多，何果異熟？」

「善男子！當知此亦略有六種：一者、得大財富，二者、往生善趣，三者、無怨無壞多諸喜樂，四者、為衆生主，五者、身無惱害，六者、有大宗葉。」

「世尊！何等名為波羅蜜多間雜染法？」

「善男子！當知略由四種加行：一者、無悲加行故，二者、不如理加行故，三者、不常加行故，四者、不慇重加行故。不如理加行者，謂修行餘波羅蜜多時，於餘波羅蜜多遠離失壞。」

「世尊！何等名為非方便行？」

「善男子！若諸菩薩以波羅蜜多饒益眾生時，但攝財物饒益眾生便為喜足，而不令其出不善處，安置善處，如是名為非方便行。何以故？善男子！非於眾生唯作此事名實饒益。譬如糞穢若多若少，終無有能令成香潔。如是眾生由行苦故其性是苦，無有方便，但以財物*繫相饒益可令成樂，唯有安處妙善法中，方可得名第一饒益。」

觀自在菩薩復白佛言：「世尊！如是一切波羅蜜多有幾清淨？」

佛告觀自在菩薩曰：「善男子！我終不說波羅蜜多除上五相有餘清淨，然我即依如是諸事總別，當說波羅蜜多清淨之相。總說一切波羅蜜多清淨相者，當知七種。何等為七？一者、菩薩於此諸法不求他知。二者、於此諸法見已不生執著。三者、即於如是諸法不生疑惑，謂為能得大菩提不？四者、終不自讚毀他，有所輕蔑。五者、終不憍傲放逸。六者、終不少有所得便生喜足。七者、終不由此諸法，於他發起嫉妬慳悋。

「別說一切波羅蜜多清淨相者，亦有七種。何等為七？謂諸菩薩如我所說七種布施清淨之相，隨順修行。一者、由施物清淨行清淨施，二者、由戒清淨行清淨施，三者、由見清淨行清淨施，四者、由心清淨行清淨施，五者、由語清淨行清淨施，六者、由智清淨行清淨施，七者、由垢清淨行清淨施，是名七種施清淨相。

「又諸菩薩能善了知制立律儀一切學處，能善了知出離所犯，具常尸羅，堅固尸羅，常作尸羅，常轉尸羅，受學一切所有學處，是名七種戒清淨相。

「若諸菩薩於自所有業果異熟深生依信，一切所有不饒益事現在前時不生憤發，亦不反罵、不瞋、不打、不恐、不弄，不以種種不饒益事反相加害，不懷怨結，若諫誨時不令恚惱，亦復不待他來諫誨，不由恐怖有染愛心而行忍辱，不以作恩而便放捨，是名七種忍清淨相。

「若諸菩薩通達精進平等之性，不由勇猛勤精進故自舉*凌他，具大勢力，具大精進，有所堪能，堅固勇猛，於諸善法終不捨軛，如是名為七種精進清淨之相。

「若諸菩薩有善通達相三摩地靜慮，有圓滿三摩地靜慮，有俱分三摩地靜慮，有運轉三摩地靜慮，有無所依三摩地靜慮，有善修治三摩地靜慮，有於菩薩藏聞緣修習無量三摩地靜慮，如是名為七種靜慮清淨之相。

「若諸菩薩遠離增益、損減二邊，行於中道，是名為慧。由此慧故，如實了知解脫門義，謂空、無願、無相三解脫門。如實了知有自性義，謂遍計所執，若依他起，若圓成實三種自性。如實了知無自性義，謂相、生、勝義三種無自性性。如實了知世俗諦義，謂於五明處。如實了知勝義諦義，謂於七真如。又無分別離諸戲論，純一理趣多所住故，無量總法為所緣故，及毘鉢舍那故，能善成辦法隨法行。是名七種慧清淨相。」

觀自在菩薩復白佛言：「世尊！如是五相各有何業？」

佛告觀自在菩薩曰：「善男子！當知彼相有五種業。謂諸菩薩無染著故，於現法中，於所修習波羅蜜多，恒常殷重勤修加行，無有放逸。無顧戀故，攝受當來不放逸因。無罪過故，能正修習極善圓滿、極善清淨、極善鮮白波羅蜜多。無分別故，方便善巧波羅蜜多速得圓滿。正迴向故，一切生處波羅蜜多，及彼可愛諸果異熟，皆得無盡，乃至無上正等菩提。」

觀自在菩薩復白佛言：「世尊！如是所說波羅蜜多，何者最廣大？何者無染汚？何者最明盛？何者不可動？何者最清淨？」

佛告觀自在菩薩曰：「善男子！無染著性、無顧戀性、正迴向性，最為廣大。無罪過性、無分別性，無有染汚。思擇所作，最為明盛。已入無退轉法地者，名不可動。若十地攝、佛地攝者，名最清淨。」

觀自在菩薩復白佛言：「世尊！何因緣故，菩薩所得波羅蜜多諸可愛果及諸異熟常無有盡？波羅蜜多亦無有盡？」

佛告觀自在菩薩曰：「善男子！展轉相依生起修習無間斷故。」

觀自在菩薩復白佛言：「世尊！何因緣故，是諸菩薩深信愛樂波羅蜜多，非於如是波羅蜜多所得可愛諸果異熟？」

佛告觀自在菩薩曰：「善男子！五因緣故：一者、波羅蜜多是最增上喜樂因故，二者、波羅蜜多是其究竟饒益一切自他因故，三者、波羅蜜多是當來世彼可愛果異熟因故，四者、波羅蜜多非諸雜染所依事故，五者、波羅蜜多非是畢竟變壞法故。」

觀自在菩薩復白佛言：「世尊！一切波羅蜜多各有幾種最勝威德？」

佛告觀自在菩薩曰：「善男子！當知一切波羅蜜多，各有四種最勝威德：一者、於此波羅蜜多正修行時，能捨慳悋、犯戒、心憤、懈怠、散亂、見趣所治。二者、於此正修行時，能為無上正等菩提真實資糧。三者、於此正修行時，於現法中能自攝受饒益有情。四者、於此正修行時，於未來世能得廣大無盡可愛諸果異熟。」

觀自在菩薩復白佛言：「世尊！如是一切波羅蜜多何因、何果？有何義利？」

佛告觀自在菩薩曰：「善男子！如是一切波羅蜜多大悲為因，微妙可愛諸果異熟饒益一切有情為果，圓滿無上廣大菩提為大義利。」

觀自在菩薩⊙復白佛言：「世尊！若諸菩薩具足一切無盡財寶成就大悲，何緣世間現有眾生貧窮可得？」

佛告觀自在菩薩曰：「善男子！是諸眾生自業過失，若不爾者，菩薩常懷饒益他心，又常具足無盡財寶，若諸眾生無自惡業能為障礙，何有世間貧窮可得？譬如餓鬼為大熱渴逼迫其身，見大海水悉皆涸竭，非大海過，是諸餓鬼自業過耳！如是菩薩所施財寶，猶如大海無有過失，是諸眾生自業過耳！猶如餓鬼自惡業力，令無有果。」

觀自在菩薩復白佛言：「世尊！菩薩以何等波羅蜜多取一切法無自性性？」

佛告觀自在菩薩曰：「善男子！以般若波羅蜜多能取諸法無自性性。」

「世尊！若般若波羅蜜多能取諸法無自性性，何故不取有自性性？」

「善男子！我終不說以無自性性取無自性性。然無自性性離諸文字，自內所證，不可捨於言說文字而能宣說，是故我說般若波羅蜜多能取諸法無自性性。」

觀自在菩薩復白佛言：「世尊！如佛所說波羅蜜多、近波羅蜜多、大波羅蜜多，云何波羅蜜多？云何近波羅蜜多？云何大波羅蜜多？」

佛告觀自在菩薩曰：「善男子！若諸菩薩經無量時，修行施等成就善法，而諸煩惱猶故現行，未能制伏，然為彼伏，謂於勝解行地軟中勝解轉時，是名波羅蜜多。復於無量時修行施等，漸復增上成就善法，而諸煩惱猶故現行，然能制伏，非彼所伏，謂從初地已上，是名近波羅蜜多。復於無量時修行布施等，轉復增上成就善法，一切煩惱皆不現行，謂從八地已上，是名大波羅蜜多。」

觀自在菩薩復白佛言：「世尊！此諸地中煩惱隨眠可有幾種？」

佛告觀自在菩薩曰：「善男子！略有三種：一者、害伴隨眠，謂於前五地。何以故？善男子！諸不俱生現行煩惱，是俱生煩惱現行助伴，彼於爾時永無復有，是故說名害伴隨眠。二者、羸劣隨眠，謂於第六、第七地中微細現行，若修所伏不現行故。三者、微細隨眠，謂於第八地已上，從此已去一切煩惱不復現行，唯有所知障為依止故。」

觀自在菩薩復白佛言：「世尊！此諸隨眠幾種麁重斷所顯示？」

佛告觀自在菩薩曰：「善男子！但由二種：謂由在皮麁重斷故，顯彼初二；復由在膚麁重斷故，顯彼第三。若在於骨麁重斷者，我說永離一切隨眠，位在佛地。」

觀自在菩薩復白佛言：「世尊！經幾不可數劫能斷如是麁重？」

佛告觀自在菩薩曰：「善男子！經於三大不可數劫或無量劫，所謂年、月、半月、晝夜、一時、半時、須臾、瞬息、剎那量劫不可數故。」

觀自在菩薩復白佛言：「世尊！是諸菩薩於諸地中所生煩惱，當知何相？何失？何德？」

佛告觀自在菩薩曰：「善男子！無染污相。何以故？是諸菩薩於初地中定，於一切諸法法界已善通達，由此因緣，菩薩要知方起煩惱，非為不知，是故說名無染污相。於自身中不能生苦，故無過失。菩薩生起如是煩惱，於有情界能斷苦因，是故彼有無量功德。」

觀自在菩薩復白佛言：「甚奇！世尊！無上菩提乃有如是大功德利，令諸菩薩生起煩惱，尚勝一切有情、聲聞、獨覺善根，何況其餘無量功德！」

觀自在菩薩復白佛言：「世尊！如世尊說，若聲聞乘、若復大乘，唯是一乘，此何密意？」

佛告觀自在菩薩曰：「善男子！如我於彼聲聞乘中宣說種種諸法自性，所謂五蘊，或內六處，或外六處，如是等類於大乘中，即說彼法同一法界、同一理趣，故我不說乘差別性。於中或有如言於義妄起分別，一類增益，一類損減，又於諸乘差別道理謂互相違，如是展轉遞興諍論，如是名為此中密意。」

爾時世尊欲重宣此義而說頌曰：

諸地攝想所對治，殊勝生願及諸學，由依佛說是大乘，於此善修成大覺。

宣說諸法種種性，復說皆同一理趣，謂於下乘或上乘，故我說乘無異性。

如言於義妄分別，或有增益或損減，謂此二種互相違，愚癡意解成乖諍。

爾時觀自在菩薩摩訶薩復白佛言：「世尊！於是解深密法門中，此名何教？

我當云何奉持？」

佛告觀自在菩薩曰：「善男子！此名諸地波羅蜜多了義之教，於此諸地波羅蜜多了義之教汝當奉持。」

說此諸地波羅蜜多了義教時，於大會中，有七十五千菩薩皆得菩薩大乘光明三摩地。

解深密經卷第四

解深密經卷第五

大唐三藏法師玄奘奉　詔譯

如來成所作事品第八

爾時曼殊室利菩薩摩訶薩請問佛言：「世尊！如佛所說如來法身，如來法身有何等相？」

佛告曼殊室利菩薩曰：「善男子！若於諸地波羅蜜多，善修出離，轉依成滿，是名如來法身之相。當知此相，二因緣故不可思議：無戲論故，無所為故。而諸眾生計著戲論，有所為故。」

「世尊！聲聞、獨覺所得轉依，名法身不？」

「善男子！不名法身。」

「世尊！當名何身？」

「善男子！名解脫身。由解脫身故，說一切聲聞、獨覺與諸如來平等平等。由法身故，說有差別。如來法身有差別故，無量功德最勝差別，算數譬喻所不能及。」

曼殊室利菩薩復白佛言：「世尊！我當云何應知如來生起之相？」

佛告曼殊室利菩薩曰：「善男子！一切如來化身作業，如世界起一切種類，如來功德衆所莊嚴住持為相。當知化身相有生起，法身之相無有生起。」

曼殊室利菩薩復白佛言：「世尊！云何應知示現化身方便善巧？」

佛告曼殊室利菩薩曰：「善男子！遍於一切三千大千佛國土中，或衆推許增上王家，或衆推許大福田家，同時入胎誕生，長大受欲，出家示行苦行，捨苦行已，成等正覺，次第示現，是名如來示現化身方便善巧。」

曼殊室利菩薩復白佛言：「世尊！凡有幾種一切如來身所住持言音差別，由此言音所化有情，未成熟者令其成熟，已成熟者緣此為境速得解脫？」

佛告曼殊室利菩薩曰：「善男子！如來言音略有三種：一者、契經，二者、調伏，三者、本母。」

「世尊！云何契經？云何調伏？云何本母？」

「曼殊室利！若於是處，我依攝事顯示諸法，是名契經，謂依四事，或依九事，或復依於二十九事。

「云何四事？一者、聽聞事，二者、歸趣事，三者、修學事，四者、菩提事。

「云何九事？一者、施設有情事，二者、彼所受用事，三者、彼生起事，四者、彼生已住事，五者、彼染淨事，六者、彼差別事，七者、能宣說事，八者、所宣說事，九者、諸衆會事。

「云何名為二十九事？謂依雜染品，有攝諸行事，彼次第隨轉事，即於是中作補特伽羅想已，於當來世流轉因事，作是想已，於當來世流轉因事。依清淨品，有繫念於所緣事，即於是中勤精進事，心安住事，現法樂住事，超一切苦緣方便事，彼遍知事。此復三種：顛倒遍知所依處故，依有情想外有情中邪行遍知所依處故，內離增上慢遍知所依處故。修依處事，作證事，修習事，令彼堅固事，彼行相事，彼所緣事，已斷未斷觀察善巧事，彼散亂事，彼不散亂事，不散亂依處事，不棄修習劬勞加行事，修習勝利事，彼堅牢事，攝聖行事，攝聖行眷屬事，通達真實事，證得涅槃事，於善說法、毘奈耶中世間正見超昇一切外道所得正見頂事，及即於此不修退事。於善說法、毘奈耶中不修習故說名為退，非見過失故名為退。

「曼殊室利！若於是處，我依聲聞及諸菩薩，顯示別解脫及別解脫相應之法，是名調伏。」

「世尊！菩薩別解脫幾相所攝？」

「善男子！當知七相：一者、宣說受軌則事故，二者、宣說隨順他勝事故，三者、宣說隨順毀犯事故，四者、宣說有犯自性故，五者、宣說無犯自性故，六者、宣說出所犯故，七者、宣說捨律儀故。

「曼殊室利！若於是處，我以十一種相決了分別顯示諸法，是名本母。何等名為十一種相？一者、世俗相，二者、勝義相，三者、菩提分法所緣相，四者、行相，五者、自性相，六者、彼果相，七者、彼領受開示相，八者、彼障礙法相，九者、彼隨順法相，十者、彼過患相，十一者、彼勝利相。

「世俗相者，當知三種：一者、宣說補特伽羅故，二者、宣說遍計所執自性故，三者、宣說諸法作用事業故。

「勝義相者，當知宣說七種真如故。

「菩提分法所緣相者，當知宣說遍一切種所知事故。

「行相者，當知宣說八行觀故。云何名為八行觀耶？一者、諦實故，二者、安住故，三者、過失故，四者、功德故，五者、理趣故，六者、流轉故，七者、道理故，八者、總別故。

「諦實者，謂諸法真如。

「安住者，謂或安立補特伽羅，或復安立諸法遍計所執自性，或復安立一向、分別、反問、置記，或復安立隱密、顯了、記別、差別。

「過失者，謂我宣說諸雜染法有無量門差別過患。

「功德者，謂我宣說諸清淨法有無量門差別勝利。

「理趣者，當知六種：一者、真義理趣，二者、證得理趣，三者、教導理趣，四者、遠離二邊理趣，五者、不可思議理趣，六者、意趣理趣。

「流轉者，所謂三世三有為相及四種緣。

「道理者，當知四種：一者、觀待道理，二者、作用道理，三者、證成道理，四者、法爾道理。

「觀待道理者，謂若因若緣能生諸行及起隨說，如是名為觀待道理。

「作用道理者，謂若因若緣能得諸法，或能成辦，或復生已作諸業用，如是名為作用道理。

「證成道理者，謂若因若緣能令所立、所說、所標義得成立，令正覺悟，如是名為證成道理。

「又此道理，略有二種：一者、清淨，二者、不清淨。由五種相名為清淨，由七種相名不清淨。

「云何由五種相名為清淨？一者、現見所得相，二者、依止現見所得相，三者、自類譬喻所引相，四者、圓成實相，五者、善清淨言教相。

「現見所得相者，謂一切行皆無常性，一切行皆是苦性，一切法皆無我性，此為世間現量所得。如是等類是名現見所得相。

「依止現見所得相者，謂一切行皆剎那性，他世有性，淨不淨業無失壞性，由彼能依麁無常性，現可得故；由諸有情種種差別依種種業，現可得故；由諸有情若樂若苦、淨不淨業以為依止，現可得故；由此因緣，於不現見可為比度。如是等類，是名依止現見所得相。

「自類譬喻所引相者，謂於內外諸行聚中，引諸世間共所了知所得生死以為譬喻，引諸世間共所了知所得生等種種苦相以為譬喻，引諸世間共所了知所得不自在相以為譬喻，又復於外引諸世間共所了知所得衰盛以為譬喻。如是等類，當知是名自類譬喻所引相。

「圓成實相者，謂即如是現見所得相，若依止現見所得相，若自類譬喻所得相，於所成立決定能成，當知是名圓成實相。

「善清淨言教相者，謂一切智者之所宣說，如言涅槃究竟寂靜，如是等*類，當知是名善清淨言教相。

「善男子！是故由此五種相故，名善觀察清淨道理。由清淨故，應可修習。」

曼殊室利菩薩復白佛言：「世尊！一切智相者，當知有幾種？」

佛告曼殊室利菩薩曰：「善男子！略有五種：一者、若有出現世間一切智聲無不普聞。二者、成就三十二種大丈夫相。三者、具足十力，能斷一切衆生一切疑惑。四者、具足四無所畏，宣說正法，不為一切他論所伏，而能摧伏一切邪論。五者、於善說法毘奈耶中，八支聖道、四沙門等皆現可得。如是生故，②斷疑網故，非他所伏、能伏他故，聖道沙門現可得故，如是五種當知名為一切智相。

「善男子！如是證成道理，由現量故，由比量故，由聖教量故，由五種相名為清淨。

「云何由七種相名不清淨？一者、此餘同類可得相，二者、此餘異類可得相，三者、一切同類可得相，四者、一切異類可得相，五者、異類譬喻所得相，六者、非圓成實相，七者、非善清淨言教相。若一切法意識所識性，是名一切同類可得相。若一切法相性業法因果異相，由隨如是一一異相，決定展轉各各異相，是名一切異類可得相。善男子！若於此餘同類可得相及譬喻中，有一切異類相者，由此因緣，於所成立非決定故，是名非圓成實相。又於此餘異類可得相及譬喻中，有一切同類相者，由此因緣，於所成立不決定故，亦名非圓成實相。非圓成實故，非善觀察清淨道理，不清淨故不應修習。若異類譬喻所引相，若非善清淨言教相，當知體性皆不清淨。

「法爾道理者，謂如來出世，若不出世，法性安住，法住法界，是名法爾道理。

「總別者，謂先總說一句法已，後後諸句差別分別究竟顯了。

「自性相者，謂我所說有行有緣，所有能取菩提分法，謂念住等，如是名為彼自性相。

「彼果相者，謂若世間，若出世間，諸煩惱斷，及所引發世、出世間諸果功德，如是名為得彼果相。

「彼領受開示相者，謂即於彼以解脫智而領受之，及廣為他宣說開示，如是名為彼領受開示相。

「彼障礙法相者，謂即於修菩提分法能隨障礙諸染汙法，是名彼障礙法相。

「彼隨順法相者，謂即於彼多所作法，是名彼隨順法相。

「彼過患相者，當知即彼諸障礙法所有過失，是名彼過患相。

「彼勝利相者，當知即彼諸隨順法所有功德，是名彼勝利相。」

曼殊室利菩薩復白佛言：「唯願世尊為諸菩薩略說契經、調伏、本母不共外道陀羅尼義，由此不共陀羅尼義，令諸菩薩得入如來所說諸法甚深密意！」

佛告曼殊室利菩薩曰：「善男子！汝今諦聽！吾當為汝略說不共陀羅尼義，

令諸菩薩於我所說密意言詞能善悟入。善男子！若雜染法、若清淨法，我說一切皆無作用，亦都無有補特伽羅，以一切種離所為故。非雜染法先染後淨，非清淨法後淨先染。凡夫異生於麁重身，執著諸法補特伽羅自性差別，隨眠妄見以為緣故，計我、我所。由此妄見，謂我見、我聞、我嗅、我嘗、我觸、我知、我食、我作、我染、我淨，如是等類邪加行轉。若有如實知如是者，便能永斷麁重之身，獲得一切煩惱不住，最極清淨，離諸戲論，無為依止，無有加行。善男子！當知是名略說不共陀羅尼義。」

爾時世尊欲重宣此義而說頌曰：

一切雜染清淨法，皆無作用數取趣，由我宣說離所為，染污清淨非先後。
於麁重身隨眠見，為緣計我及我所，由此妄謂我見等，我食我為我染淨。
若如實知如是者，乃能永斷麁重身，得無染淨無戲論，無為依止無加行。

爾時曼殊室利菩薩摩訶薩復白佛言：「世尊！云何應知諸如來心生起之相？」

佛告曼殊室利菩薩曰：「善男子！夫如來者，非心意識生起所顯，然諸如來有無加行心法生起，當知此事猶如變化。」

曼殊室利菩薩復白佛言：「世尊！若諸如來法身遠離一切加行，既無加行，云何而有心法生起？」

佛告曼殊室利菩薩曰：「善男子！先所修習方便般若加行力故，有心生起。善男子！譬如正入無心睡眠，非於覺悟而作加行，由先所作加行勢力而復覺悟。又如正在滅盡定中，非於起定而作加行，由先所作加行勢力還從定起。如從睡眠及滅盡定，心更生起，如是如來由先修習方便般若加行力故，當知復有心法生起。」

曼殊室利菩薩復白佛言：「世尊！如來化身當言有心？為無心耶？」

佛告曼殊室利菩薩曰：「善男子！非是有心，亦非無心。何以故？無自依心故，有依他心故。」

曼殊室利菩薩復白佛言：「世尊！如來所行、如來境界，此之二種有何差別？」

佛告曼殊室利菩薩曰：「善男子！如來所行，謂一切種如來共有不可思議無量功德，衆所莊嚴清淨佛土。如來境界，謂一切種五界差別。何等為五？一者、有情界，二者、世界，三者、法界，四者、調伏界，五者、調伏方便界。如是名為二種差別。」

曼殊室利菩薩復白佛言：「世尊！如來成等正覺、轉正法輪、入大涅槃，如是三種當知何相？」

佛告曼殊室利菩薩曰：「善男子！當知此三皆無二相，謂非成等正覺，非不成等正覺；非轉正法輪，非不轉正法輪；非入大涅槃，非不入大涅槃。何以故？如來法身究竟淨故，如來化身常示現故。」

曼殊室利菩薩復白佛言：「世尊！諸有情類但於化身見聞奉事，生諸功德，如來於彼有何因緣？」

佛告曼殊室利菩薩曰：「善男子！如來是彼增上所緣之因緣故，又彼化身是如來力所住持故。」

曼殊室利菩薩復白佛言：「世尊！等無加行，何因緣故，如來法身為諸有情放大智光，及出無量化身影像，聲聞、獨覺解脫之身無如是事？」

佛告曼殊室利菩薩曰：「善男子！譬如等無加行，從日月輪、水火二種頗胝迦寶放大光明，非餘水火頗胝迦寶，謂大威德有情所住持故，諸有情業增上力故。又如從彼善工業者之所雕飾末尼寶珠出印文像，不從所餘不雕飾者。如是緣於無量法界方便般若極善修習，磨瑩集成如來法身，從是能放大智光明，及出種種化身影像，非唯從彼解脫之身有如斯事。」

曼殊室利菩薩復白佛言：「世尊！如世尊說，如來、菩薩威德住持，令諸眾生於欲界中，生剎帝利、婆羅門等大富貴家，人身財寶無不圓滿；或欲界天、色、無色界，一切身財圓滿可得。世尊！此中有何密意？」

佛告曼殊室利菩薩曰：「善男子！如來、菩薩威德住持，若道若行於一切處，能令眾生獲得身財皆圓滿者，即隨所應為彼宣說此道此行。若有能於此道此行正修行者，於一切處所獲身財無不圓滿。若有眾生於此道行違背輕毀，又於我所起損惱心及瞋恚心，命終已後於一切處所得身財無不下劣。曼殊室利！由是因緣，當知如來及諸菩薩威德住持，非但能令身財圓滿，如來、菩薩住持威德，亦令眾生身財下劣。」

曼殊室利菩薩復白佛言：「世尊！諸穢土中何事易得？何事難得？諸淨土中何事易得？何事難得？」

佛告曼殊室利菩薩曰：「善男子！諸穢土中八事易得，二事難得。何等名為八事易得？一者、外道，二者、有苦眾生，三者、種姓家世興衰差別，四者、行諸惡行，五者、毀犯尸羅，六者、惡趣，七者、下乘，八者、下劣意樂加行菩薩。何等名為二事難得？一者、增上意樂加行菩薩之所遊集，二者、如來出現于世。曼殊室利！諸淨土中與上相違，當知八事甚為難得，二事易得。」

爾時曼殊室利菩薩白佛言：「世尊！於此解深密法門中，此名何教？我當云何奉持？」

佛告曼殊室利菩薩曰：「善男子！此名如來成所作事了義之教，於此如來成所作事了義之教汝當奉事。」

說是如來成所作事了義教時，於大會中有七十五千菩薩摩訶薩皆得圓滿法身證覺。

解深密經卷第五

大乘密嚴經

大唐新翻密嚴經序

朕聞西方有聖人焉，演不言之言垂無教之教，啟迪權實發披聾瞽，遷其善者不疾而速，陷其益者即聖自凡，擊蒙求以娑婆丘陵，示達觀以密嚴世界，匪染淨在我實是非遊，而楚越生於念中，及缺頓於目下，彼魚藏鳥逝，其若是乎？欽哉！密嚴迹超有三，量周乎法界，相離於極微，非聲聞之所聞，豈色見之能見！甞潔已*至妙允恭付屬，是欲泉靜識浪珠清意源，窮賴耶能變之端，照自覺湛然之境，深詣心極其唯是經。夫翻譯之來抑有由矣！雖方言有異而本質須存，此經梵書並是偈頌，先之譯者多作散文，蛇化為龍何必變於鱗介，家成於國寧即改乎姓氏！矧訛異輕重或有異同，再而詳悉可為盡善。

大興善寺三藏沙門不空，像教棟梁愛河舟楫，戒珠在握明鏡入懷，雪涉雲征窮鹿野之真諦，帆飛海宿究馬鳴之奧*旨，聲詠八轉言善兩方，*足可窺鑑閫如抑揚了義。詔令集京城義學沙門飛錫等、翰林學士柳抗等，詳譯斯文及護國經等，對執貝多翻諸簡牘，憑其本夾依以頌言，大羹之味不遺，清月之魄恒滿，豈不美歟！豈不美歟！朕詞乏清華文非道麗，志流衍於祕賾，將布灌於無窮，聊課虛懷序之篇首云爾。

大乘密嚴經卷上

開府儀同三司特進試鴻臚卿肅國公食邑三千戶賜紫贈司空謚大鑑正號大廣智大興善寺三藏沙門不空奉　詔譯

密嚴道場品第一

如是我聞：一時，佛薄伽梵住於超越欲、色、無色等想，於一切法自在無礙，神足力通之所，遊戲密嚴世界，而此世界非彼外道、聲聞、緣覺所行之境。與諸修習勝瑜伽者，十億佛剎微塵數等菩薩摩訶薩俱，其名曰摧一切外道異論菩薩摩訶薩、大慧菩薩摩訶薩、一切佛法如實見菩薩摩訶薩、聖觀自在菩薩摩訶薩、得大勢菩薩摩訶薩、神通王菩薩摩訶薩、曼殊室利菩薩摩訶薩、金剛藏菩薩摩訶薩、解脫月菩薩摩訶薩、持進菩薩摩訶薩，而為上首，皆超三界心意識境，智⊙意成身轉於所依，成就如幻首楞嚴法雲三摩地，無量諸佛手灌其頂，處離三有⊙住蓮華宮。

爾時如來、應、正遍知從現法樂住自覺聖智甚深境界，微妙奮迅無量衆色之所*顯現☆三摩地起，出帝*弓電☆光妙莊嚴殿，與諸菩薩入於無垢月藏殿中，昇密嚴場師子之座。世尊坐已觀察四方，從眉間珠髻光明莊嚴，出於無量百千淨光，圍繞交映成光明網。是光網流照之時，一切佛剎莊嚴之相分明顯現如一佛剎，餘諸佛土嚴飾細妙同於微塵。密嚴世界超諸佛國，遠離星宿及日月，如無為性不同微塵。此密嚴中佛及弟子，并餘世界來此會者，當如涅槃及以虛空、非擇滅性。

爾時世尊現彼世界佛及菩薩威神功德勝妙事已，復以佛眼遍視十方諸菩薩衆，告一切佛法如實見菩薩摩訶薩言：「如實見！今此世界名曰密嚴，是中菩薩悉於欲、色、無色、無想有情之處，以三摩地力生智慧火，焚燒色貧及以無明，轉所依止得意成身，神足力通以為嚴飾，無竅隙無骨體，猶如日月、摩尼、電光、帝弓、珊瑚、紇利多羅、黃金、瞻蔔、孔雀、花月、鏡中之像，如是色身住於諸地修無漏因，由三摩地而得自在，十無盡願及以迴向，獲殊勝身來密嚴剎。」

爾時一切佛法如實見菩薩摩訶薩，從座而起偏袒右肩，稽首佛足右膝著地，合掌白佛言：「世尊！我於今者欲有所問，惟願如來、應、正遍知哀許為說！」

佛告實見言：「善哉！善哉！恣汝所問，當為汝說令汝心喜。」

爾時一切佛法如實見菩薩摩訶薩承佛開許，即白佛言：「世尊！唯此佛剎超越欲、色、無色及以無想有情界耶？」

佛言：「善男子！從此上方過百億佛剎，有梵音佛土、娑羅樹王佛土、星宿王佛土，過如是佛土復有無量百千佛剎，廣博崇麗，菩薩衆會之所莊嚴，彼中諸佛咸為菩薩說現法樂住自覺聖智、遠離分別實際真如、大涅槃界究竟之法。是故當知此界外，有如是等無量佛剎。如實見！匪唯汝今於佛國土菩薩衆會，心生限量請問如來，*此有☆菩薩摩訶薩名曰持進，曾於佛所生限量心，便以神通昇于上方，過百千俱胝乃至殑伽沙等諸佛世界，不能一見如來之*頂，心生希有，知佛菩薩不可思議，還至娑訶世界名稱大城，來於我所悔謝已過，讚佛功德無量無邊猶如虛空，住自證境來密嚴剎。」

爾時會中金剛藏菩薩摩訶薩，善能演說諸地之相，微妙決定盡其源底，從座而起偏袒右肩，頂禮佛足右膝著地，合掌白佛言：「世尊！我於如來、應、正遍知欲少諮問，唯願哀愍為我宣說！」

佛言：「金剛藏！汝於我所欲有問◎者，如來、應、正等覺隨汝所疑為汝開演。」

爾時金剛藏菩薩摩訶薩承佛許已，而白佛言：「世尊！佛者是何句義？所覺是何？唯願世尊說勝義境示法性佛，令◎除過去、未來、現在修菩薩行者，於諸色相積集之見，及餘外道異論執著，行分別境起微塵、勝*性、自在☆、時、方、虛空、我意、根境和合如是諸見，復有計*著無明愛業、眼色與*明，是時復有觸及作意，如是等法而為因緣，等無間緣、增上緣、所緣緣和合生識，執著行者起有無等種種惡覺，於我法中復有諸人於蘊有情墮空性見。為斷如是妄分別覺，唯願世尊說離五種識所知相，能於諸法最自在者佛大菩提所覺知義，令得聞者如其了悟所知五種而成正覺。」

爾時佛告金剛藏菩薩摩訶薩言：「善哉！善哉！金剛藏！十地自在超分別境有大聰慧，能欲顯是法性佛種最勝瑜祇，匪唯汝今於佛菩提所覺之義，生希有念請問於我，有賢幻等無量佛子，咸於此義生希有心，種種思擇而求佛體。如來者是何句義？為色是如來耶？異色是如來耶？如是於蘊、界、處諸行之中，內外循求不見如來，皆是所作滅壞法故。蘊中無如來，乃至分析至於極微皆悉不見，所以者何？以妙智慧定意諦觀無所見故，蘊麁鄙故，如來者常法身故。善哉！佛子！汝能善入甚深法界。諦聽！諦聽！善思念之，當為汝說。」

金剛藏菩薩摩訶薩唯然受教，佛言：「善男子！三摩地勝自在金剛藏如來非蘊亦非異蘊，非依蘊非不依蘊，非生非滅，非*知非所知，非根非境。何以故？蘊、處、界、諸根境等皆鄙陋故，不應內外而見如來，且色無覺知無有思慮生已必滅，同於草木、瓦礫之類，微塵積成如*水聚沫。受以二法和合而生，猶如水泡、瓶衣等。想亦二和合因緣所生，猶如陽焰。譬如盛熱地氣蒸涌，照已日光如水波浪，諸鳥獸等為渴所逼，遠而望之生真水解，想亦如是，無有體性虛妄不實，分別智者如有性見各別體相名字可得，定者審觀猶如兔角、石女兒等但有假名，如夢中色唯想妄見覺悟非有，無明夢中見男女等種種之色，成於正覺即無所見。行如芭蕉中無堅實，離於身境即無體性。識如幻事虛偽不實，譬如幻師若幻師弟子，依草木、瓦礫示現色像，幻作於人及諸象馬，種種形相具足莊嚴，愚幻貪求非明智者，識亦如是依餘而住遍計分別，能取、所取二種執生，若自了知即皆轉滅，是故無體同於幻士。

「金剛藏！如來常住恒不變易，是修念佛觀行之境名如來藏，猶如虛空不可壞滅，名涅槃界，亦名法界，過、現、未來諸佛世尊，皆隨順此而宣說故。若如來出世，若不出世，此性常住，名法住性、法界性、法尼夜摩性。金剛藏！以何義故名尼夜摩？遠離後有一切過故。又此三摩地能決定除後有諸惡，以如是故名尼夜摩。若有住此三摩地者，於諸有情心無顧戀，證於實際及以涅槃，猶如熱鐵投諸冷水。棄於有情故，諸菩薩捨而不證。所以者何?捨大精進、大悲、諸度，斷于佛種趣聲聞乘，行於外道邪見之逕，猶如老象溺在淤泥，為三摩地泥所沈沒，味定境界亦復如是，退轉一切諸佛法門，不得入於究竟之慧。

「是故菩薩捨而不證，近住而已，以究竟慧入佛法身，覺悟如來廣大威德，當成正覺轉妙法輪，智境衆色而為資用，入如來定遊涅槃境，一切如來令從定起，漸次加行超第八地，善巧決擇乃至法雲，受用如來廣大威德，入於諸佛內證之地，與無功用道三摩地相應，遍遊十方不動本處，而恒依止密嚴佛剎。金剛自在具大變化，示現佛土而成自在，轉於所依智三摩地，及意成身力通具足，行步威德猶如鵝王。譬如明月影遍衆水，佛亦如是隨諸有情普現色相，於諸衆會所益不空。復令當詣密嚴佛剎，如其性欲而漸開誘，為說一切欲界天王自在菩薩清淨摩尼寶藏宮殿諸安樂處，乃至諸地次第，從一佛剎至一佛剎，示現富樂功德莊嚴，盡於未來隨機應現。猶如成就持明仙等，及諸靈仙宮殿之神，與人行止而不可見

有三摩地佛，善根善巧佛，一切世勝佛，及正等覺佛，
如是五種佛，所餘皆變化。如來藏具有，三十二勝相，
是故佛非無，定者能觀見。超越於三界，無量諸佛國，
如來微妙剎，淨佛子充滿。定慧互相資，以成堅固性，
遊於密嚴剎，思惟佛威德。密嚴中之人，一切同佛相，
超越剎那壞，常遊三摩地。世尊定中勝，衆相以莊嚴，
得於如夢觀，顯現於諸法，衆謂佛化身，從於兜率降。
佛當密嚴住，像現從其國，住真而正受，隨緣衆像生。
如月在虛空，影*鑒於諸水；如摩尼衆影，色合而明現；
如來住正定，現影亦復然。譬如形與像，非一亦非異，
如是勝丈夫，成於諸事業。非極微勝性，非時非自在，
亦非餘緣等，而作於世間。如來以因緣，莊嚴其果體，
隨世之所應，種種皆明現，遊戲三摩地，內外無不為。

無動及所動，住於無染路。微妙諸天俱，乾闥脩羅等，
衆仙及外道，讚歎常供養。於彼不驚喜，心無所動搖，
由瑜伽本淨，是故超彼岸。以化佛現跡，為*人天示☆業，
佛非彼此現，猶如於日月。住於圓應智，離欲現人間，
異類諸外道，隨宜悉調伏。種種衆智法，王論四吠陀，
悉是諸如來，定力*持而☆說。現國王朝會，及諸國法令，
山林修道處，悉皆佛示化。十方衆寶藏，出生清淨寶，
悉是天中天，自在威神故。三界善巧慧，種種諸才智，
所作方便業，因佛而成就。持鬘為群品，業行者示因，
戲笑衆善巧，常說歌詠論。或現降兜率，天女業圍繞，
歌舞交歡娛，日夜常遊集。或現如魔王，寶冠以嚴首，
執世之所繩，與奪而招放。雖放一切衆，現為明智者，
常在密嚴中，寂然無動作。此大牟尼境，凡愚妄分別，

大乘密嚴經入密嚴微妙身生品第二

爾時一切佛法如實見菩薩摩訶薩，無量威力世中自在，寶[1]冠瓔珞莊嚴其身，從座而起右膝著地，白金剛藏而作是言：「尊者善能通達三乘世間，心得無違現法樂住內證之智，為大定師於定自在，能隨順說諸地之相，常在一切佛國土中為諸上首演深妙法。是故我今勸請佛子，說諸聖者不隨他行現法樂住內證之境，*令我及諸菩薩摩訶薩衆得見斯法，安樂修行趣於佛地，獲意成身及言說身，自在力通皆得具足，轉所依止不住實際，猶如衆色真多摩尼現諸色像，能於諸趣天王宮殿及一切佛密嚴國中說密嚴行。」

爾時金剛藏菩薩摩訶薩以偈答曰：

善哉天人主！　菩薩中殊勝，　請說入密嚴，　無我之法性。
應覺分別境，　心之所取相，　若捨於分別，　即見世分別。
了於世所緣，　即得三摩地，　我今為開演，　仁主應諦聽。

熱時見陽焰，世間相亦然。能相所相因，*無而☆妄分別。
能覺生所覺，所覺依能現，離彼則無此，如光影相隨。
無心亦無境，能所量俱無，但依於一心，如是而分別。
能知所知法，唯心量所有，所知心既無，能知不可得。
心為法自性，有性所擾濁。八地得清淨，九地獲靜慮，
覺慧為十地，灌頂證如來。法身得無盡，是佛之境界，
究竟如虛空，心識亦如是。無盡無所壞，衆德已莊嚴，
恒在不思議，諸佛密嚴土。譬如瓶破已，瓦體而顯現，
瓦破微塵顯，析塵成極微。如是因有為，而成無漏法，
如火燒薪盡，復於餘處然。證如得轉依，遠離於分別，
住於不動智，密嚴中顯現。無生現衆色，不住諸世間，
能斷一切見，歸依此無我。相續流注斷，無壞亦無生，
能盡一切見，歸依此無我。諸惑皆已滅，寂靜不思議，

能淨一切見，　歸依此無我。　世間種種法，　本來無我性，
非由擊壞無，　*及喻之所顯。　如火燒薪已，　於中自息滅，
觀察於三有，　無我智亦然。　是名現法樂，　內證之境界，
依此入諸地，　淨除無始惡。　捨離世所依，　出世而安住，
其心轉清淨，　恒居密嚴土。

爾時如實見菩薩摩訶薩及諸王等向金剛藏，咸作是言：「我等今者皆欲歸依，唯願示我歸依之處！」

於是金剛藏菩薩摩訶薩以偈答曰：

佛體非有無，　已焚燒蘊樹，　超勝魔王眾，　而住密嚴國，
所覺淨無垢，　仁主可歸依。　遠離於覺量，　證於無所有，
密嚴諸定者，　仁主可歸依。　淨勝密嚴剎，　眾聖所依處，
觀行者充滿，　應歸於密嚴。　當觀於世間，　如*畫有高下，
夢中見美色，　石女*忽誕生。　亦如乾闥城，　火輪空中髮，

如種種幻形，人馬花菓樹。幻*師所變化，一切悉非真；
如奔電浮雲，皆*偽而非實；如匠作瓶等，由分別所成。
仁主應諦聽，世間諸有情，習氣常覆心，生種種戲論。
末那與意識，并餘識相續，五法及三性，二種之無我。
恒共而相應，如風擊暴水，轉起諸識浪，浪生流不停。
賴耶亦如是，無始諸習氣，猶如彼暴*流，為境風所動，
而起諸識浪，恒無斷絕時。八種流注心，雖無若干體，
或隨緣頓起，或時而漸生；取境亦復然，漸頓而差別。
心轉於舍宅，日月與星宿，樹枝葉花菓，山林及軍衆。
於如是等處，皆能漸頓生，多分能頓現，或漸起差別。
若時於夢中，見昔所更境，及想念初生，乃至於老死。
算數與衆物，尋思於句義，觀於異文彩，受諸好飲食。
於如是境界，漸次能了知，或有時頓生，而能取之者。

心性本清淨，不可得思議，是如來妙藏，如金處於礦。
意生從藏識，餘六亦復然，識六種或多，差別於三界。
賴耶與能熏，及餘心法等，染淨諸種子，雖同住無染。
佛種性亦然，定非定常淨，如海水常住，波潮而轉移。
賴耶亦復然，隨諸地差別，修有下中上，捨染而明顯。
金剛藏復言：如實見菩薩！見聞覺悟者，自性如實慧。
十方一切國，諸王衆會中，汝已從我聞，隨應廣為說。
若人聞法已，漸淨阿賴耶，或作人中王，轉輪四天下；
或復為帝釋，兜率蘇焰*摩；乃至化樂宮，欲界自在主；
或*生色界處，或生無色天。無想有情中，靜慮受安樂，
證真而不住，猶如師子吼。於諸定自在，法喜以相應，
一心求密嚴，不染著三界。至於密嚴已，漸次而開覺，
轉依獲安樂，寂靜常安住。無量諸佛子，圍遶以莊嚴，

世間內外法，互力以相生，如是等衆義，一切皆違反。
若知唯識現，離於心所得，分別不現前，亦不住其性。
爾時所緣離，寂然心正受，捨於世間中，所取能取見。
轉依離麁重，智慧不思議，十種意成身，衆妙為嚴好。
作三界之*主，而生於密嚴，色心及心所，所相應無為。
於內外世間，諦觀無別異，如是諸智者，來*生密嚴國。
名相與分別，正智及如如，牟尼三摩地，體性皆平等，
應當往密嚴，佛所稱讚土。若壞三和合，及以四種緣，
不固於自宗，同諸妄分別。惡習分別者，彼之五種論，
譬喻不成立，諸義皆相違，彼五悉成過，惑亂覺智眼。
著喻及似喻，顛倒不顛倒，如是虛妄執，一切*依此壞。
捨離於自宗，依止他宗法，初際等諸見，皆從滅壞生。
大王應當知，有情在三界，如輪而運轉，初際不可得。

妄想不覺知，流轉如波浪，定者觀賴耶，離能所分別。
微妙無所有，轉依而不壞，住密嚴佛剎，顯現如月輪。
密嚴諸智者，與佛常共俱，恒遊定境中，一味無差別。
難思觀行境，定力之所生，王應常修習，相應微妙定。
欲界有六天，梵摩復十二，無色及無想，一切諸地中，
若生密嚴國，於彼為天主。欲求密嚴土，應修十種智，
法智及類智，他心世俗智，苦集滅道智，盡智無生智。
仁主汝所生，捨軍*怛羅族，月王與甘蔗，種性而平等。
雖於彼族中，汝族最殊勝，當求密嚴國，勿懷疑退心。
如羊被牽拽，喘懼而前却，末那在身中，似幻鹿而住；
亦如幻樹影，河中之葦荻，如王戲園苑，運動身支分。
意及於意識，心心法共俱，此法無自性，猶雲聚非實。
藏識一切種，習氣所纏覆，如彼摩尼珠，隨緣現衆色。

雖住有情身，如鵝王無垢，是決定種性，亦為大涅槃。
名從於相生，相從因緣起，以諸形相故，而起於分別。
分別由二因，外*相心習氣，第七末那識，應知亦復然。
諸根意緣會，發生於五識，與心所相應，住身如宮室。
*正智常觀察，一切諸世間。從於如是因，而生彼諸果。
真如非異此，諸法互相生，與理相應心，明了能觀見。
此即是諸法，究竟圓成性，亦為妄所計，一切法不生。
諸法性常空，非無亦非有，如幻亦如夢，及乾闥婆城，
陽焰與毛輪，烟雲等衆物。種種諸形相，名句及文身，
如是執著生，成於遍計性。根境意和合，熏習成於種，
與心無別異，諸識由此生，資於互因力，是謂依他起。
善證自覺智，現於法樂住，是即說圓成，衆聖之境界。
佛及諸佛子，證此名聖人，若人證斯法，即見於實際。

末那緣藏識，如磁石吸鐵。如蛇有二頭，各別為其業，
染意亦如是，執取阿賴耶。能為我事業，增長於我所，
復與意識俱，為因而轉謝。於身生煖觸，運動作諸業，
飲食與衣裳，隨物而受用。騰躍或歌舞，種種自嬉遊，
持諸有情身，皆由意功力。如火輪垂髮，乾闥婆之城，
不了唯自心，妄起諸分別。身相器世間，如動鞦韆勢，
無力不堅固，分別亦復然。分別無所依，但行於自境，
譬如鏡中像，識種動而見。愚夫此迷惑，非諸明智者。
仁主應當知，此三皆識現，於斯遠離處，是即圓成實。
持進等菩薩，及聖目乾連，尋聲與遍觀，百千萬億剎，
種種寶嚴飾，綺麗無等雙，於彼微妙境，密嚴最殊勝。
極樂妙喜剎，下方俱胝國，一切諸世尊，皆讚如斯土。
謂無有終始，威德化自然，本昔佛所居，超出於三界。

豐樂非執受，寂靜自無為，自利及利他，功業悉成滿。
不於欲界中，成佛作佛事，要往密嚴土，證於無上覺。
俱胝諸世尊，欲中施佛事，先從於此國，化為無量億。
正定常相應，神通以遊戲，遍於諸國土，如月無不*現，
隨諸衆生類，所應而化益。十地花嚴等，大樹與神通，
勝鬘及餘經，皆從此經出。如是密嚴經，一切經中勝，
仁主及諸王，宜應盡恭敬。欲色無色界，無想等天宮，
如來迴已超，而依密嚴住。此土諸宮殿，如蓮*備衆飾，
是一切如來，淨智之妙相。佛及諸菩薩，常在於其中，
世尊恒住禪，寂靜最無上。依自難思定，現於衆妙色，
色相無有邊，非餘所能見。極樂莊嚴國，世尊無量壽，
諸修觀行者，色相皆亦然。或見天中天，赫奕含衆彩，
瞻蔔雌黃色，真金明月光，孔雀頸如蓮，相思子之聚，

種種寶樹林，遊憩於其下；金沙布其地，顯現殊勝剎；
淨妙之寶蓮，開敷功德水；如是殊勝境，不可得為喻。
彼皆蓮華生，恭敬無量壽，善修三摩地，愛樂佛功德。
專精迴向者，悉皆生彼國，眾相以莊嚴，皎鏡無塵垢。
金剛藏說已，自現於己耳，或如於指節，或復如芥子；
*漸細如毫端，百分之一分；或現善逝身，聲聞與緣覺。
眾色及餘類，乃至種種形，各隨其所宜，而說於諸法。
或說於菩薩，入諸地了知，五法三自性，八識二無我。
得於如幻定，隨意所成身，自在諸神通，十*力四無畏。
住於不退轉，得淨之所依，入於佛地中，無漏之蘊界，
永離餘變易，寂然而常住。或說於菩薩，善妙而遊履，
猶夢像水月，瑜祇所行道。得首楞嚴定，十種如幻身，
十無盡願圓，證成等正覺。據妙蓮華座，相好甚端嚴，

無量諸佛子，恭敬而圍繞。或說諸菩薩，願力現衆形，
遍遊於十方，歷事恒沙佛。是諸菩薩等，其身甚微妙，
出入常自在，不住有無中。譬如天神仙，及諸健*闥縛，
依彼妙高住，或處於虛空，地行諸有情，對之而不見。
如是諸菩薩，現形亦復然，非修觀行人，無能覩之者。
或說諸菩薩，得於勝靜慮，處處現受生，示入無餘界。
或說諸菩薩，能以於定力，自在轉所依，不住真實際，
無量有情處，隨現差別身，身雖種種殊，其心一平等，
猶如於地水，亦如於日月。或說諸菩薩，常以大悲心，
憐愍諸有情，輪迴處生死。跉跰受窮獨，貪病衆苦煎，
下賤與形殘，安之不憂惱；如蜂處船上，飄然大海中，
沿泝而往來，須臾數萬里。為說非我法，生死速無常，
令其知滅壞，剎那暫不住。或說於諸佛，及以諸菩薩，

明見衆有情，醉在於渴愛。為分別苦逼，於無*相法中，
妄取種種相，計著能所取。心恒被縲紲，不能得解脫，
溺生死海中，馳蕩無休息。貧賤而孤露，往來無所依，
譬如大海中，蛛蝥網難住。諸佛及菩薩，如彼住船者，
普憐諸有情，運出生死難。隨其若干類，為現差別身，
說施戒等門，種種諸勝行。

大乘密嚴經卷上

大乘密嚴經卷中

開府儀同三司特進試鴻臚卿肅國公食
邑三千戶賜紫贈司空諡大鑑正號大廣
智大興善寺三藏沙門不空奉　詔譯

入密嚴微妙身生品之餘

爾時大會中有普賢眾色大威德菩薩摩訶薩，與其同類持世菩薩摩訶薩、持進菩薩摩訶薩、曼殊室利菩薩摩訶薩、神通王菩薩摩訶薩、得大勢菩薩摩訶薩、解脫月菩薩摩訶薩、金剛臍菩薩摩訶薩、大樹緊那羅王菩薩摩訶薩、虛空藏菩薩摩訶薩等，乃至摩尼大寶藏殿無量諸天，復有密嚴土中諸瑜祇眾，與彼無量俱胝佛剎來聽法者，聞*說密嚴甚深功德，於法恭敬定得轉依，恒居此土不生餘處，咸共悲愍未來世中一切有情，普欲等慈為作饒益，各共瞻仰金剛藏菩薩摩訶薩，一心同聲以偈問曰：

尊者具辯才，　*惟願見開示，　世間諸色像，　其誰之所作？
為如工造瓶，　泥輪以埏埴？　為如奏樂者，　擊動所成音？
為如一物體，　有三種自性？　*為已成未成，　咸在於一物？
云何種種色，　一物而建立？　為兜率所作？　夜摩所作耶？
他化自在作？　大樹緊那羅？　善見天所作？　色究竟天耶？
螺髻梵王作？　無色天作耶？　一切天主作？　自然所作耶？
變化之所作？　諸佛所作耶？　為餘世界中，　佛子之所作？
是諸作眾色，　惑亂而建立，　所起於惑亂，　如鹿見陽焰，
譬如於瓶處，　為德之所依。　一切諸世間，　能住於處者，
非德者屬德，　非德依德者，　展轉和合故，　眾德所集成。

諸色唯惑亂，　為亦有住耶？　為梵王所作？　那羅延作耶？
雄猛及勝論，　數論自作耶？　勝性之所作？　自在自然耶？
時無明所生，　愛業所作耶？　天仙及世定，　皆悉懷疑惑。
為先無有體，　猶如於幻夢，　亦如熱時焰，　及乾闥婆城？
無始妄分別，　隨彼彼相續，　起能*取所*取，　如蛇有二頭；
亦如起屍行，　木人機所轉，　空中見垂髮，　及旋火輪耶？

爾時金剛藏菩薩摩訶薩告普賢眾色大威德菩薩摩訶薩及餘大眾，而說偈言：

世間眾色像，　不從作者生，　亦*非劫比羅，　因陀羅等作，
亦非祠祭果，　亦非圍陀教。　彼有多*種因☆，　修行*不常☆住。
亦復非無有，　能持世間因。　謂第八丈夫，　是名為藏識，
由此成眾色，　如轉輪眾瓶。　如油遍在麻，　鹽中有鹹味，
如無常遍色，　丈夫識亦然。　如香在沈麝，　及光居日月，
遠離能所作，　及以有無宗。　亦離於一異，　一切外道過，

非智所尋求，不可得分別。定心解脫者，自覺之所證，
若離阿賴耶，即無有餘識。譬如海波浪，與海雖不異，
海靜波去來，亦不可言一。譬如修定者，內定清淨心，
神通自在人，所有諸通慧，觀行者能見，非餘之所了。
如是流轉識，依彼藏識住，佛及諸佛子，定者常觀見。
藏識持於世，如以線貫珠；如輪與車合，業風之所轉；
陶師運輪杖，器成隨所用。藏識與諸界，共力無不成，
內外*諸世間，彌*綸悉周遍。譬如眾星象，布列在虛空，
風力之所持，運行常不息。如空中鳥跡，求之莫能見，
若離於虛空，飛翔不可得。藏識亦如是，不離自他身，
如海起波濤，如空含萬像。丈夫識亦爾，蘊藏諸習氣，
譬如水中月，及以諸蓮華，與水不相雜，不為水所著，
藏識亦如是，習氣莫能染。如目有*瞳子，眼終不自見，

賴耶住於身，攝藏諸種子，遍持壽煖識，如雲覆世間，
業用曾不停，有情莫能見。身者眾色成，又能作諸色，
如陶師不依，以泥成眾器。世間妄分別，見牛等有角，
不了角非有，因言兔*無角☆，分析至極微，求角無所有。
要待於有法，而起於無見，有法本自無，無見何所待？
若有若無法，展轉互相因，有無二法中，不應起分別，
若離於所覺，能覺即不生。譬如旋火輪，翳幻乾城等，
皆因少所見，而生是諸覺，若離於所因，此覺即無有。
名相互相繫，習氣無有邊，一切諸分別，與意而俱起。
有情流轉故，圓成則不證，無始*有積集，沈迷諸妄境。
戲論而熏習，生於種種心，能取及所取，有情心自性。
瓶衣等諸相，見實不可聞，一切唯有覺，所覺義皆無。
能覺所覺性，自然如是轉，愚夫不除斷，習氣心迷惑。

賴耶及七識，有時而頓生，猶如海波浪，風緣之所動，
洄澓而騰轉，無有斷絕時。識浪亦如是，境界風所擊，
種種諸分別，自內而執取。如地無分別，庶物依以生，
藏識亦復然，衆境之依處。如人以己手，還自捫其身；
亦如象以鼻，取水自霑灑；復似諸嬰孩，以口含其指。
是*如識分別，現境還自緣，是心之境界，普遍於三有。
久修觀行者，而能善通達，內外諸世間，一切唯心現。
爾時金剛藏，說是妙法已，默然而止住，思惟於法界，
微妙普遍定，則入諸佛境。見無量佛子，當修住密嚴。
即從禪定起，放光而普照，欲色與無色，及無想天宮。
如是光明中，復現諸佛剎，悉見無量佛，相好妙端嚴。
種種微妙色，皆從佛身出，隨其所愛樂，世間作利益。
皆使彼佛子，稱讚密嚴名，欣然相顧視，復作如是說：

時淨居諸天，各各*共相☆議：螺髻梵天*王，威神不能往，
當知密嚴土，勝妙難思議，自非如幻定，誰能詣斯剎？
此會聞天衆，稱讚功德聲，生於奇特心，乃白金剛藏：
我等皆樂聞，唯垂演深法！
爾時金剛藏，即告大衆言：如來所說法，誰能盡敷演？
自覺之聖智，境界不思議，非深觀行人，云何可開示？
時持進夜摩，自在諸佛子，異口同音言：唯願速宣說！
神通與曼殊，慈氏緊那王，及餘修定者，咸皆作是請。
諸天持明仙，空中奏衆樂，同心而勸請：唯垂為宣說！
如是勸請已，各坐於勝座。梵王承佛力，還來此會中，
復白金剛藏，作於如是問：今此諸大會，嚴飾未曾有，
悉是尊弟子，聰慧無等倫，皆於尊者處，渴仰而求法。
我今猶未知，所問為何等？憍臘與勝墮，及頂生輪王，

為是少年馬？為是古仙傳？甘蔗種之子，千弓持國王，
欲色無色中，人天等之法？為是菩薩行，獨覺及聲聞？
乃至修羅明，星象等眾論？唯願如是事，次第而演說，
我等及天人，一心咸聽受。
爾時解脫月，持世虛空藏，大勢觀自在，總持自在王，
寶髻與天冠，金剛手寂慧，及寶手大士，并諸最勝子。
皆從俱胝剎，來坐蓮花宮，咸請金剛藏：唯願大慧說，
過去及未來，牟尼清淨智。仁於佛親受，明了心不疑，
此眾皆樂聞，願尊時演說。
定王金剛藏，普告大眾言：如來所說法，非我具能演，
唯除佛菩薩，威神之所護。我今至心禮，自在清淨宮，
摩尼寶藏殿，佛及諸佛子。我以敬心說，如來清淨智，
能令紹佛種，汝等應諦聽。此非諸王論，及輪王軌儀，

但示於密嚴，如來之種性。正定者境界，諸佛之勝事，
如來微妙智，離於能所覺。是故非我力，能演此甚深，
但以佛威神，從佛而聽受。此智甚微妙，是三摩地花，
佛在密嚴中，正受而開演。遠離諸言說，及以一切見，
若有若無等，如是四種邊，是名最清淨，中道之妙理。
密嚴諸定者，於此能觀察，離著而轉依，速入如來地。
時諸佛子眾，從尊聞是語，頭面禮雙足，恭敬而白言：
我等*愛樂法，如渴人思飲，如遊蜂念蜜。瑜伽自在尊，
唯願正宣說，令諸菩薩眾，於定得自在。智慧大威德，
及諸剎土王，深解觀行者，咸欲聞如來，所說甚深法；
皆願聽尊者，微妙梵帝聲。如來所悅可，深遠善巧聲，
演說殊勝義，悉令得明了。
金剛藏告言：如來所說義，真實甚希有，離相難可見。

如空中無物，見影為希有，如來所說義，希有亦復然。
空中風鳥跡，其形不可見，牟尼演妙理，難見亦復然。
世間之事喻，智者能明了，諸佛所宣說，譬喻不能知。
*今我之所見，如夢乾城等，此會有觀行，具大智慧者，
通達真實義，無不皆明了。云何為是人，說佛難思境？
然今所開演，憑佛威神力，一切最勝子。至心應諦聽。
如來妙言說，句義皆相應，超越心境界，遠離於譬喻。
猶如蜂採花，先者取精粹，是諸後至者，皆悉味其餘。
勝牟尼亦然，先得妙法味，我則飲其餘，今為衆宣說。
天中天境界，增悅諸明智，實非意測量，言象*所能表。
示同人形色，相好似嚴身，現於勝妙宮，寶冠以為飾。
圓光及輪輻，種種皆成就，照曜於宮殿，能除外道憍。
諸佛四時中，恒依密嚴住，而於一切處，現生及涅槃。

純善少減時，　惡生及濁亂，　隨彼之意樂，　利益諸有情。
業用無暫停，　常住密嚴剎，　此之清淨處，　瑜祇安樂宮。
濁亂少減時，　顯示如來相，　譬如淨滿月，　影遍於衆水。
佛以一切身，　隨宜而應化，　如來淨智境，　觀行者皆見。
或現大自在，　或現那羅延，　*或現迦毘羅，　住空而說法；
或現圍陀者，　常行及妙喜，　童天及尸棄，　羅護都*季盧；
或現緊那羅，　甘蔗*日種姓，　及諸國王等，　一切所瞻奉；
或作大醫王，　示現於衆人。　金剛等衆寶，　銅鐵及諸礦，
明珠與鉛錫，　紅碧二頗梨，　隨彼諸有情，　愛樂而顯現，
由佛加持力，　令彼悉安樂。　天女及龍女，　乾闥婆之女，
欲界自在*女，　不能動其心。　超勝欲境界，　及勝色界色，
空處及識處，　無所有之處。　非想非非想，　於彼不迷惑，
無想諸定者，　未離於惑纏，　非安非清淨，　流轉於諸有，

有身者所生，非如密嚴國。密嚴微妙土，清淨福為嚴，
解脫知見人，最勝之依處。具十種自在，六通三摩地，
皆以*意成☆身，如佛於彼現。修行於十地，檀等波羅蜜，
一切相好花，常以為嚴飾。遠離於分別，亦非無覺了，
無有我意根，*慧根常悅樂。施等諸功德，淨業悉圓滿，
得佛勝所依，密嚴之淨國。此土最微妙，不假日月明，
佛及諸菩薩，清淨光恒照。密嚴中衆聖，其光逾聚日，
無有晝夜時，亦無老死患。殊勝密嚴宮，諸天所希慕，
最上瑜伽者，地地而進修。了知一切法，皆以心為性，
善說阿賴耶，三性法無我，其身轉清淨，而生密嚴國。

大乘密嚴經胎藏生品第三

爾時金剛藏，菩薩摩訶薩，復告螺髻梵：天主應當知，

一切有情身，九物以為性，有為相遷動，能造所造俱，
精血共和合，增長於不淨，為無量諸業，之所常覆纏。
如毒樹所生，扶踈而蓊欝，貪瞋等煩惱，增長亦如是。
九月或十月，生於滿足時，既從胎藏出，顛危受諸苦。
天主應當知，此諸有情類，皆由業力故，驅馳運動生。
或自人中來，或以傍生趣，非天與羅剎，龍及於諸鬼。
或以持明族，天趣之勝身，或於瑜祇中，退失三摩地。
輪王之貴族，而來生此中，如是既生已，諸根遂增長。
隨親近宿習，復造于諸業，由斯業*力故，輪迴諸趣中。
若有諸智者，聞法得覺悟，離文字分別，入三解脫門，
得證真實理，清淨之殊勝，上上最清淨，即*住於密嚴，
能遍俱胝剎，隨宜而應現。天主如是生，永脫諸險趣，
是名為丈夫，亦名為智者，亦名天中天，佛子眾圍繞。

天主應當知，胎藏身虛偽，非從自性生，非從癡愛業，
以皆因相有，了達滅無餘，亦離於分別，及以於文字，
能如斯觀者，即往密嚴場。若諸修定人，住定攀緣境，
即便為聲色，誑惑生取著，不能得堅固，亦名散動心，
以斯邪定縛，流轉生三界。若有勝瑜祇，善住三摩地，
遠離能所取，寂然心不生，是名真實修，無相觀行者，
欲生密嚴土，常應如是觀。

大乘密嚴經自作境界品第四

爾時金剛藏，菩薩摩訶薩，復告螺髻梵：天主應當知，
八種九種心，常與無明轉，能生諸世間，皆心心法現。
由彼流轉故，諸識與諸根，無明所變異，本心堅不動。
世間及根境，皆從十二支，能生及所生，剎那而滅壞。

梵世至非想，亦從於因緣，唯有天中天，能離作所作。
有情及無情，動與不動法，皆如於瓶等，滅壞以為性。
天主應當知，諸識甚微細，遷流而速疾，是佛之境界。
諸仙及外道，假稱是牟尼，以言互相縛，而貪種種色，
於此生滅識，悉皆不能知。假使一千歲，思唯四吠陀，
行施得梵天，還當有退落。或四月苦行，祠祭所獲果；
或修異類壇，事火所求福；或修三趣法，宰羊以祈禱；
得果還有退，梵王何不悟？三德果繫屬，不堅如芭蕉，
唯以智解脫，得生密嚴土。定者證斯境，方能往彼宮，
是故大梵天，應當善修習。密嚴中之人，無生死眷屬，
一切有情識，不斷亦不壞，諸業無染著，亦無染熏習。
如蓮不著水，猶空不染塵，日月無雲翳，瑜伽者亦爾。
速修是觀行，如來所攝持，沐之淨戒流，飲以智慧液，

由修*淨戒智，生死得解脫。天主應當知，有情蘊處界，
衆法所合成，悉皆無所有。眼色等*為緣，而得生於識，
猶火因薪爇，識起亦復然。境轉隨妄心，猶鐵逐磁石，
如乾城陽焰，愚渴之所取，中無能造物，但隨心變異。
復如乾城人，往來皆不實，衆生身亦爾，進止悉非真。
亦如夢中見，寤後即非有，妄見蘊等法，覺已本寂然。
四大微塵*聚，離心無所得，世間可*持物，執非四大成。
譬如風疾緣，*惑亂☆見諸境，起屍無作者，世間法亦然。
汝等諸佛子，應當善觀察，世間諸動植，猶如水聚沫，
瓶衣*妄想等☆，不實如陽焰，苦樂等諸受，方之水上泡，
衆行如芭蕉，中無有堅實，是識如幻事，虛偽悉非真。
於彼三界中，動與不動法，皆同於夢境，迷心之所現；
亦如幻化事，及乾闥婆城，但誑於愚夫，初無有真實。

佛子覺此法，其心無所畏，慧火焚諸患，即生密嚴國。
世間皆無相，相為所繫縛，無相為吉祥；相*乃心境界，
心境界非真，真為慧境界。遠離於衆相，慈悲之所行，
無相遍一切，三界皆清淨。色聲等衆相，名為三界法，
一切諸根境，有情之縛因，由慧得解脫，安樂而自在。
時寶髻菩薩，坐殊妙之座，向於金剛藏，而作如是言：
遍諸俱胝剎，尊者為上首，成就最妙智，了達所知法，
於無量悉檀，皆已得明見。今在修行衆，能淨於彼疑，
覺察有情身，一切之本起，以妙音演暢，窮劫不能盡。
應當為衆會，說離諸逆順，似非似等因，及以真實法。
令此諸智者，心淨無有疑，捨於諸蘊因，不久得解脫。
蘊因法非法，生此身後身，智則能脫苦，*愛則為堅縛。
有情心所起，由色及以明，作意等衆緣，馳散於諸境。

非大自在作，非無明愛業。但由無功用，妙智之所生，
出欲色無色，超無想暗網。密嚴微妙土，是阿若悉檀，
非諸因明者，所量之境界。非由於勝性，自在與聲論，
及吠陀等宗，之所能開顯。乃至資糧位，智慧不能了，
唯是於如來，及十地智境。仁者今諦聽，愚夫迷世間，
為業及非業，我今演此義，令修勝定者，獲得於安樂。
內外一切物，所見唯自心，有情心二性，能取及所取，
心體有二門，即心見眾物。凡夫性迷惑，於自不能了，
如瓶現色相，無體唯自心。羸定及諸仙，於此義惑亂，
捨於真實理，而行分別路。是心有二性，如鏡像月影，
如目而有翳，妄見於毛輪。空中無毛輪，*亦無珠瓔珞，
但從病翳眼，若斯而顯現。虛妄計著者，不覺恒執取，
廣現諸嚴師，種種梵等相。一切諸有情，及與瓶衣等，

運轉與屈伸，無量之境界，及從於睡覺，一切皆非有。
亦如多欲者，夢見於女人，顏貌甚端嚴，服玩皆珍綺，
種種恣歡樂，覺已悉皆無。一切諸世間，當知亦如是。
*正位及營從，父母等宗姻，但誑於愚夫，體性皆非實。
汝於三摩地，何故不勤修？無量諸聲聞，獨覺及菩薩，
住山間樹下，寂靜修禪處。摩羅耶乳海，頻陀婆利師，
摩醯因陀羅，雞羅雪山等，或止圓生樹，或住嬌微那，
處須彌半腹，或憩如意樹，絆住劍摩羅，於中而宴默。
或食贍部果，及飲甘露味，具足諸神通，而常修此觀。
過去未來世，坐於蓮華臺，結加住等引，如是常觀察。
善攝諸根故，不散一切境，如以鉤制象，住定亦復然。
世間若出世，一切諸餘定，佛定淨無垢，貪愛皆遣除。
遍愛無色定，無想等禪中，見彼日月形，蓮花與深險，

諸根猶如幻，境界同於夢，能作所作業，定者能遠離。
惡覺微劣者，迷惑生妄計，分別於能作，一切諸世間。
或謂摩尼珠，金銀等衆礦，鳥獸色差別，刺端銛以利，
此等皆不同，應知無作者。世間相差別，皆從分別生，
非勝性微塵，無因自然等。惡覺者妄計，不知其體性，
為業為非業，如是起分別。如毒在於乳，隨變與相應，
一切處分別，諸法亦如是。是性亦不生，是性亦不滅，
惑者不能了，種種異分別。世間唯積集，定者乃能觀，
汝等應勤修，無思業非業。有情互來往，如日月超迴，
在空無所依，隨風而運轉。業性甚微隱，密嚴者能見，
修諸勝觀行，不為*其所羈。如火燎長焚，須臾作灰燼，
智火焚業薪，當知亦如是。又如燈破闇，一念盡無餘；
諸業習暗冥，無始之熏聚，牟尼智燈起，剎那頓皆滅。

大乘密嚴經辯觀行品第五

爾時金剛藏，菩薩摩訶薩，復告於大衆：諸仁應諦聽，
譬如空閑地，欲造立宮室，匠人資土木，然後方得成，
諦觀諸物中，*一一皆無舍☆。亦如於衆指，和合以成拳，
離指而推求，拳體不可得。軍師及車乘，城邑與園林，
雲物須山川，瓶衣等諸相，皆是假和合，智者了如夢。
如是身舍宅，諸界所集成，蘊積猶崇山，攲危如朽屋，
不生亦不滅，非自亦非他。如乾闥婆城，如雲亦如影，
復如熱時焰，亦如觀繪事；相自於妄現，性淨離有無。
亦如盲與跛，相假而得行，自性無能持，凡愚身亦爾。
分析至極微，空名無實物，極微不可得，諸法亦如是。
瑜伽淨慧者，作是思惟時，便於色聲等，遠離於覺念。

一切意息已，泰然得解脫，不愛於*諸有☆，常樂於等持。
設有諸天仙，姝麗女人等，而來供養者，如觀夢無染。
身雖住於此，外道不能見，持明與梵天，亦不覩其頂。
當生摩尼宮，自在而遊戲，與諸明妃眾，離欲常歡娛。
此之觀行法，薩埵之境界，仁應速修習，發於勇猛心，
當生光明宮，利益於三有。則斷貪欲分，及離瞋恚癡，
能詣大密嚴，寂靜殊勝處。彼無死境界，亦非識所行，
遠離於諸相，非分別所得。*此為☆微妙處，瑜伽者相應，
是故修觀行，希求於彼土。既勝於貪恚，無我亦無人，
勝定汝應修，勿生於三毒。若執於境界，則有二覺*王；
猶如美女人，曼臉而縝髮，多欲者見已，愛著而思惟，
迷惑生染覺，專想無餘念。行來及坐起，飲食與*睡眠☆，
彼女之容姿，常現於心想。如此之惡慧，皆由妄境生，

又如彼陶匠，以泥而作瓶，泥若是奢摩，瓶亦如其色；
或時彼匠者，兼用雜色泥，比至燒已成，各隨其泥色。
從箭竹生葱，從角生於蒜，穢蠅與敗蜜，各得生於蟲。
當知世間果，似因不似因，皆因變壞故，乃得生於果。
衆塵成所作，體性不變壞，皆是世愚夫，而生妄分別。
能作我內我，勝我不可得，亦無於意我，亦無積集因，
及以親生因，不從識緣有。智者之境界，善巧力所生，
拔除煩惱刺，降魔并眷屬。世間貪愛盡，如蜜能消瘦，
諸仙由有貪，流轉生諸趣。多時所熏習，譬如瞋恚蛇，
煩惱火燒然，流轉險惡趣，離貪即解脫，*當勤修觀行。

大乘密嚴經趣入阿賴耶品第六

爾時金剛藏，菩薩摩訶薩，復告諸大衆：仁等應當知，

我昔蒙佛力，加持得妙定，明見俱胝剎，修行世定者，
諸佛與佛子，清淨所住處，於中唯密嚴，安樂最第一。
諸佛坐蓮花，有如殊妙殿，我*尋從定起，一心以瞻仰。
自見住密嚴，佛子衆圍繞，復見解脫藏，住在於宮中。
身量如指節，色相甚明朗，如空淨滿月，如阿恒思花。
我即心自念，是誰難思事？即便見已身，在於彼腹內，
亦於中普見，一切諸世間。蓮花藏佛子，以佛神力故，
亦皆如是見，咸歎不思議。天中天作已，即攝威神力，
大衆悉如*是，希有妙難思，瑜祇種種色，是佛之境界。
諸仁應當知，佛昔為菩薩，從彼歡喜地，得至於離垢，
發光及焰慧，難勝與現前，遠行及不動，善慧法雲地，
獲得陀羅尼，生無盡句義，首楞嚴等定，及以意成身，
細性與輕性，大性及意樂，尊貴欲壽等，獲斯八自在，

如應而顯現，　遊戲於密嚴。　名稱妙光明，　功德皆成就，
轉復得清淨，　現成等正覺。　化為佛菩薩，　種種妙色像，
自然遍一切，　而轉妙法輪。　速令諸眾生，　以智斷諸惑，
利樂諸趣已，　還住密嚴中。　或有諸大士，　見佛現*色身☆，
莊嚴吉祥相，　光明自然發，　熾盛如化聚，　住於蓮花宮，
與諸觀行人，　嬉遊安樂定，　三摩地自在，　處所最殊勝。
或見於大樹，　緊那羅王身，　現於百千億，　種種之變化，
光明皎如月，　遍照諸國*土。　或見兜率天，　無量諸佛子，
身如帝青色，　功德相莊嚴，　首飾摩尼冠，　坐於殊勝殿，
光明普照耀，　一切智通達。　或見於普賢，　具有大威力，
得於一切智，　四無礙辯才，　身相現光明，　獨勝無倫匹，
住*如滿月殿，　密嚴之定海。　遍現眾色像，　賢聖所稱歎，
無量諸天眾，　及乾闥婆等，　明仙及國王，　眷屬眾圍繞。

或見最勝子，并諸觀行師，寂靜而住禪，儼如在睡眠。
遠離於沈怠，順行諸佛教，勤苦而清羸，示同於外道，
六欲及梵天，有頂至贍部，於中而現化，多種之光明，
神通調御者，赫奕而熾盛。或見為導師，降胎*示誕育，
出家修靜慮，乃至般涅槃，佛智不思議，一切皆圓滿，
得自在無畏，人天等歸依。仁者應當知，諸佛之體性，
智慧最無比，唯佛所能知。如釋迦已獲，人中勝師子，
汝等咸當得，生信勿懷疑，信即為佛體，必當得解脫。
*或作轉輪王☆，及以諸粟散，乃至生梵宮，*而為彼天王☆，
轉生蓮花藏，在彼佛會中。蓮花而化生，獲大精進力，
由此降魔眾，及欲熏習因，志意無怯弱，證成一道法，
紹繼於佛事，得王諸國土。若欲得作佛，當淨佛性道，
種姓既淨已，諸佛即授記。瑜祇轉覺悟，不久當成佛，

一切修行者，　而為作依怙。　譬如彼大地，　亦為衆所依，
如於妙行者，　能療一切病。　覺者亦如是，　能除虛妄疾，
得無分別心，　支解不傾動，　內外之境界，　了達皆唯識。
能遠離於我，　亦離於我所，　無能害所害，　及以於害具。
一切悉皆是，　意識之境界，　皆依阿賴耶，　如是妄分別。
如珠合日光，　相感而生火，　此火非珠出，　亦非從日生；
心意識亦爾，　根境意和合，　能生於諸心，　如海起波浪。
此性非陽焰，　亦非於夢幻，　非同如是等，　迷惑之所取，
非同龜*鼈毛，　及與於兔角。　又如雷電合，　震發而生火，
此火為從水？　為從雷電生？　竟無有定知，　此火從生處，
如火為從水，　造作於瓶等。　欲等諸心法，　與心而共生，
和合無定性，　當知亦如是。　心境不思議，　密嚴者知見，
有情之藏護，　無始妙俱生。　如涅槃虛空，　擇滅無為性，

遠離於三世，清淨常圓滿。如月有虧盈，顯現諸國土，
循環體是一，其性無增減。愚夫所分別，見月有增減，
往來於四洲，而實無盈缺。如是之藏識，普現有情界，
其體無增減，圓潔常光明。愚夫妄分別，恒於賴耶識，
計著有增減，應知亦如是。若有於此識，能正而了知，
即便得無漏，轉依位差別。如是差別法，得者甚為難，
藏識亦如是，與七識俱轉，熏習以相應，體性而無染。
猶如河中木，隨水以漂流，而木與於流，體相各差別。
藏識亦如是，諸識習氣俱，而恒性清淨，不為其所業，
清淨與雜染，皆依阿賴耶。聖者現法樂，等引之境界，
人天等諸趣，一切佛剎土，如是染淨法，如來藏為因，
由彼悟成佛，為諸乘種性。一切諸眾生，有具於威力，
自在諸功德，殊勝諸吉祥，乃至險惡處，上中下差別，

顯於寶宮殿，藏識亦如是。如江海諸神，水中而自在，
藏識處於世，當知亦如是。如龍依水天，如百川歸海，
如樹王依地，現心亦如是。如日在宮殿，旋繞妙高山，
諸天皆敬禮，佛地心亦爾。十種諸地中，修行一切行，
在於菩薩身，顯現於大海。遍利與安樂，如來常稱讚，
地地皆清淨，故號為佛子。在於菩薩身，是即名菩薩，
佛與諸菩薩，皆是賴耶名。佛及最勝子，已授當授記，
廣大阿賴耶，當成等正覺。即此賴耶體，密嚴者能見，
由最勝瑜伽，妙定相應故。諸佛與緣覺，聲聞及外道，
證理無畏人，所觀皆此識。種種諸識境，皆從心所變，
瓶衣等衆物，如是性皆無。悉依阿賴耶，所見皆迷惑，
謂以諸熏習，妄生能所取。體非如幻化，非陽焰毛輪，
非生非不生，空性空遠離，有無皆無性，長短等亦然。

大乘密嚴經卷中

智者觀幻事，此皆唯幻術，未曾有一物，與幻而同起。
有情所分別，如幻而可見，陽焰毛輪相，二俱不可得。
離一亦無二，無過世當世。此皆識變異，無幻無幻名，
諸性無所得，是幻幻所作。世間有迷惑，其心不自在，
妄說有能幻，幻成種種物，動搖及往來，雖*現皆非實。
如鐵因磁石，所向而轉移，藏識亦如是，隨於分別種，
一切諸世間，無處不周遍。如日摩尼寶，無思及分別，
此識遍諸處，見之謂流轉，不死亦不生，本非流轉法。
如夢見生死，覺悟即解脫，佛子若轉依，即名解脫者。
此即是諸佛，最勝之教理，審量一切法，如稱如明鏡，
照曜如明燈，試驗如金石，正道之標相，遠離於斷滅。
修習勝定者，皆由清淨因，令離諸雜染，轉依而顯現。

大乘密嚴經卷下

開府儀同三司特進試鴻臚卿肅國公食邑三千戶賜紫贈司空諡大鑒正號大廣智大興善寺三藏沙門不空奉　詔譯

我識境界品第七

爾時金剛藏菩薩摩訶薩遍觀十方，從髻珠中出大光明，照諸世界及他化自在天宮，并密嚴中諸佛子衆。放斯光已，即告一切佛法如實見菩薩言：「仁主！雪山之中有一惡獸名為能害，百千變詐以取諸獸，應可食者殺而食之。若見壯獸名能之者，即須便為呼子之聲害而食之。若時或見有角之獸，便現有角與其相似而往親附，無令所畏殺而食之。見牛羊等種種諸獸，悉同彼形而肆其害。

「仁主！如彼能害現種種形以殺諸獸，一切外道亦復如是，於阿賴耶所生我見執著我相，猶如惡獸變種種形，亦如彼彼自類計我各各差別，乃至極小猶如微塵。

「仁主！是諸我執依何而住？不住於餘但自住識。計我之人，言我與意、根、境和合而有識生。本無有我，如花與衣合即有香氣，若未和合衣即無香。是故當知但唯有識心及心法，若離於識心、心所法則無有我。如器中菓、如燈照瓶、如伊尸迦文闍之草而可得者，但以因緣心心法生，此中無我亦無有生，微妙一相本來寂靜，此是覺悟勝觀行者自證境界。如彼惡獸多所傷殺，然諸外道亦復如是，養育增長世間惡見無知法智，而強分別執有執無、若一若多、我我所論。所以者何？由不覺悟唯識性故，思渴*邪慧往來馳騖生殺輪轉，遠離諸佛菩薩善友，違背解脫動搖正慧，不能修治八支聖道，於彼三乘乃至一乘都無所證。由起執著不見聖諦，於密嚴名號尚不得聞，何況其土而能得入！

「仁主！諸深定者咸於此識淨除我見，汝及諸菩薩摩訶薩亦應如是，既自勤修復為人說，令其速入密嚴佛土。」

大乘密嚴經阿賴耶即密嚴品第八

爾時金剛藏，　為明此藏識，　即密嚴之義，　告如實見言：
如磁石吸鐵，　常能自轉動，　如蘊車性定，　轉動由習氣。
草木土竹等，　及繩以成舍，　和合而可見，　身蘊亦如是。
起屍磁石鐵，　轉動如有情，　一切皆亦然，　如是蘊無我。
時寶手菩薩，　白衆色王言：　王今應請問，　金剛藏定者，
一切諸世間，　所有於衆*識，　無覺離於覺，　遠離諸言詮，
相應不相應，　二種之名字，　彼世間所有，　自性云何住？
此會諸佛子，　專心咸願聞。
衆色最勝王，　即隨義而問：　名相等境界，　一切世間法，

為唯是分別？為離分別有？如其所立名，是名依何住？
金剛藏聞已，即告色王言：一切唯有名，亦唯想安立，
從能詮異故，所詮不可得。四蘊唯名字，是故說為名，
如名摩納婆，但名無有體。諸佛及佛子，說名唯在相，
離相而有名，不可得分別。是故依諸相，分別有諸名，
如匿兔未勿，假名不可得，於相無所有，愚夫妄分別，
世間亦如是，離相無有名。瓶衣車乘等，名言所分別，
名相雖可說，體性無所有。世間衆色法，但相無有餘，
唯依相立名，是名無實事。王應觀世法，離名無所有，
但以分別心，而生於取著。若離於分別，取著即不生，
無生即轉依，證於無盡法。是故大王等，常應觀想事，
但是分別心，離此即無有。形相體增長，散壞*質與身，
如是等衆名，皆唯色之想。*相名及分別，體性本無異，

藏識亦如是，體非流轉法，諸識共相應，與法同流轉。
如鐵因磁石，周迴而轉移，二俱無有思，狀若有思覺；
賴耶與七識，當知亦復然，習氣繩所牽，無人而若有。
遍滿有情身，周流於險趣，如鐵與磁石，展轉不相知。
或離於險趣，而得住*諸地，神通自在力，如幻首楞嚴，
乃至陀羅尼，莫不皆成滿。讚佛實功德，以之為供養，
或現無量身，一身無量手，肩頭口及舌，展轉皆無量，
往詣十方國，供養諸如來。雨花及衣服，頭冠與瓔珞，
種種寶莊嚴，積如須彌等，供養薩婆若，佛及諸佛子。
或作寶宮殿，如雲備衆彩，化現諸天女，遊處於其中，
妓樂衆妙音，供養於諸佛。或與佛菩薩，遊止常共俱，
一切諸魔怨，自在而降伏。得自覺聖智，正定以莊嚴，
已轉於所依，即見法無我，五法三自性，及與八種識，

諸法相差別，已說其自性，若離自性門，諸法不明了。
如衆物和合，現作幻化形，衆色雖不同，性皆無決定。
世事悉如是，種種皆非實，妄情之所執，遍計無有餘。
譬如摩尼寶，隨色而像現，世間亦復然，但隨分別有，
體用無所在，是為遍計性。如乾闥婆城，非城而見似，
亦非無有因，而能如是見，世間種種物，應知亦復然。
日月等宮殿，諸山及寶山，煙雲相擊觸，未嘗有雜亂。
無共無自*他，體性皆非有，但是所分別，遍計之自性。
諸物非因生，亦非無有因，若有若非有，此皆情所執。
名依於相起，二從分別生，正智及如如，遠離於分別。
心如相顯現，相為意所依，意與五心生，猶如海波浪。
習氣無有始，境界亦復然，心因習氣生，境令心惑亂。
依止賴耶識，一切諸種子，心如境界現，是說為世間。

七識阿賴耶，展轉互相生，如是八種識，不常亦不斷。
一切諸世間，似有而安布，有計諸衆生，我等三和合，
發生種種識，了別於諸境。或有妄計言，作者業因故，
生於梵天等，內外諸世間。世間非作者，業及微塵作，
但是阿賴耶，變現似於境。藏識非緣作，藏亦不*作緣，
諸識雖流轉，無有三和合。賴耶體常住，衆識與之俱，
如輪與水精，亦如星共月。從此生習氣，新新自增長，
復增長餘*識，餘識亦復然。如是生死轉，悟者心無轉；
譬如火燒木，漸次而轉移，此木既已燒，復更燒餘木。
依止賴耶識，無漏心亦然，漸除諸有漏，永息輪迴法。
此是現法樂，成就三摩地，衆聖由是生，從剎至於剎。
譬如微妙金，在礦不能見，智者巧陶鍊，其金乃明顯；
藏識亦如是，習氣之所纏，三摩地淨除，覺者常明見。

如酪未攢搖，酥終不可得，是故諸智者，攢酪而得酥；
藏識亦復然，諸識所纏覆，密嚴諸定者，勤觀乃能得。
密嚴是大明，妙智之殊稱，佛子勤修習，生於此剎中。
色及無色界，空識非非想，於彼常勤修，而來生是處。
此中諸佛子，威光猶日月，修行得正定，演說相應道。
諸佛與灌頂，咸皆授其位，如來所證法，隨見而轉依。
雖處密嚴場，應物而變化，隨彼愛樂法，住空而演說。
是時金剛藏，復告大衆言：賴耶無始來，為戲論薰習，
諸業所繫縛，輪轉無有窮；亦如於大海，因風起波浪，
恒生亦恒滅，不斷亦不常。由不悟自心，隨識境界現，
若了於自心，如火焚薪盡，通達於無漏，則名為聖人。
藏識變衆境，彌綸於世間，意執我我所，思量恒流轉。
諸識類差別，各各了自境，積集業為心，遍積集名意。

了別名為識，五識取現境，如翳見毛輪，隨見而迷惑，
於似色心中，非色計於色。譬如摩尼珠，日月光所照，
隨其所應現，各雨自類物；阿賴耶亦爾，如來清淨藏，
和合於習氣，變現周世間，與無漏相應，雨諸功德法。
譬如乳變異，成酪至酪漿；藏識亦如是，變似於衆色。
如翳見毛輪，有情亦復爾，以惡習氣翳，住藏識眼中。
於諸非色處，此所見諸色，猶如於陽焰，遠離於有無，
*皆賴耶所現。仁者依眼色，而生似色識，如幻住眼中，
飄動猶熱焰。色皆是藏識，與色習相應，變似體非有，
愚夫妄分別。諸昏醉放逸，坐臥及狂走，頓起諸事業，
皆是賴耶識。猶如盛赫日，舒光照於地，蒸氣如水流，
渴獸望之走。賴耶亦復爾，體性實非色，而似於色現，
惡覺妄生*著。如磁石吸鐵，迅速而轉移，雖無於情識，

似情識而動。如是賴耶識，為生死所攝，往來於諸趣，
非我而似我，如海中漂物，無思隨水流，賴耶無分別，
依身而運動。譬如二象鬪，被傷者永退；賴耶亦如是，
斷染無流轉。譬如淨蓮華，離泥而皎潔，人天皆受用，
莫不咸珍敬；如是賴耶識，出於習氣泥，轉依得清淨，
佛菩薩所重。譬如殊勝寶，野人所輕賤，若用飾冕旒，
則為王頂戴；如是賴耶識，是清淨佛性，凡位恒雜染，
佛果常寶持。如美玉在水，苔衣所纏覆；賴耶處生死，
習氣縈不現。於此賴耶識，有二取相生，如蛇有二頭，
隨樂而同往。賴耶亦如是，與諸色相具，一切諸世間，
取之以為色。惡覺者迷惑，計為我我所，若有若非有，
自在作世間。賴耶雖變現，體性恒甚深，於諸無知人，
悉不能覺了。譬如於幻師，幻作種種獸，或行而或走，

意識能決了，色等一切境，及以五識身，與根境和合。
了於現境界，自境之所取，皆是阿賴耶，藏識與壽煖，
及觸和合性。末那依此識，識復住於意，所餘五種識，
亦住於自根。心意及諸識，而安住於蘊，為業習繫縛，
流轉無有窮。如是所有業，皆由於貪愛。既以業受身，
復以身造業，捨於此身已，更受於餘身。前後以依因，
徐行如水蛭，心及諸心所，相續生諸趣，更展轉積集，
住諸蘊稠林，壽煖及與識。若捨離於身，身則無覺知，
猶如於木石。藏識是為心，執我名為意，能取諸境界，
以是說為識。採集業為心，意為遍採集，意識能遍了，
五識現分別。心能持於身，末那著諸趣，意識能遍了，
五識緣自境。藏識以為因，從是生餘識，意意識所緣，
無間而流轉。五識復更待，增上緣而生，同事自根事，

是為增上故。是身如起屍，亦如熱時焰，隨行因緣轉，
非妄亦非實，為*愛之所牽，性空無有我。意等諸轉識，
與心而共生，五識復更依，意識而因起，如是一切時，
大地而俱轉。賴耶為於愛，所熏而增長，既自增長已，
復增於餘識，展轉不斷絕，猶如於井輪。以有諸識故，
衆趣而生起，於是諸趣中，識復得增長。識與世間法，
更互以為因，譬如河水流，前後而不斷；亦如芽與種，
相續而轉生。各各相差別，分明而顯見。*識行☆亦如是，
既三和合已，而復更和合，差別相而生，如是而流轉，
常無有斷絕。內外一切法，皆因此而起，愚不了唯心，
汝等勤觀察。時衆色王等，復向金剛藏，而作如是言：
金剛藏無畏！善入於密嚴，能演一切法，佛及諸佛子，
正定而思惟，無比甚奇特，顯明於法相。金剛藏無畏！

彼諸佛子等，悉皆從定起，挂微妙寶瓔，從無量佛土，
而來於此會，同共以一心，瞻仰金剛藏，大力瑜伽尊。
彼等皆思惟，得法樂而請。
金剛藏見已，周顧於四方，發於和雅音，微笑而告曰：
汝等諸佛子，一心咸諦聽，瑜祇定境界，甚深不思議，
非分別所知；定及緣亦爾，遠離欲不善，及以諸散動。
有尋伺喜樂，寂靜入初禪，如是漸次第，四八至於十。
著我諸外道，常修習此定，聲聞辟支佛，亦復皆如是。
各知於世間，諸法之自相，蘊處如空聚，一切皆無我。
無思無動作，但三和合生。如機關起屍，本無能作者。
外道修是定，起於空性見，此人迷法相，壞於一切法。
若修佛妙定，善知蘊無我，即發勝福聚，滅除諸惡見。
一切皆唯心，無能相所相，無界亦無蘊，一切皆無相。

分析至微塵，此皆無所住，愚夫妄分別，彼地水等性，
不知其性者，取於如是相，妙色及惡色，似色餘亦然。
如空中虹霓，雲霞等衆彩，思惟如骨瑣，遍滿於世間，
及遍處想觀，觀於諸大等，身有色無色，定者常諦思。
若於緣一心，即緣說清淨，如其所分別，即彼成所緣。
非定非定者，妄計以為定，定者在定中，了世皆藏識，
法及諸法相，一切皆除遣，獲於勝定者，善說於諸定，
破諸修定人，妄智所知法，若人生劣慧，取法及於我，
自謂誠諦言，善巧說諸法，計著諸法相，自壞亦壞他，
無能相所相，妄生差別見，甜味能除熱，若酸鹹*止痰☆，
辛味除於冷，鹹能已風疾，黃痰變畏故，共生於瘧病，
或時但因風，或因三和合，疾既有差別，古仙設衆方，
石蜜等六分，沙糖及諸味，能除有情身，種種諸瘧病。

若法有自性，及以諸相者，藥無除病能，病者不應差，
云何世咸見，服藥病消除？定者了世間，但是賴耶識，
變異而相續；譬如衆幻獸，無能相所相，無蘊及蘊者，
亦無支分德，及以有支分。世間無能作，亦無有所作，
無塵積世間，無方處往者。無初最微細，漸次如一指，
乃至三指量，*實物轉和合，求那各差別，如是義皆無。
非勝性作世，亦非時能生，亦非愛樂性，乃三法所作；
亦非無有因，自然而得有。由斯業習氣，擾濁於內心，
依心及眼根，種種妄分別，意及於意識，有情阿賴耶，
普現於世間，如幻師造物；若能入唯識，是則證轉依。
若說於空性，則知相唯識，瓶等本無境，體相皆心作，
非瓶似瓶現，是故說為空。世間所有色，諸天等宮殿，
變異而可見，皆是阿賴耶。有情身所有，從頭至手足，

諸法亦如是，空性與之一，展轉無差別，所為皆得成。
是身如死屍，本來無自性，貪愛繩繫縛，境界所牽動。
說微妙空理，為淨於諸見，其有智慧人，應當一心學。
譬如工幻師，以諸呪術力，草木等眾*緣，隨意之所作。
依於根及愛，色明與作意，發生於明識，無實如幻焰。
是識無來處，亦不去餘方，諸識性皆爾，有無不變著。
如毛輪兔角，及以石女兒，本來無有體，妄立於名字。
師子虎熊羆，馬驢馲駝類，*黿龜與瑇瑁，彼等皆無角，
何故不分別，唯言兔角無？最勝談論人，云何不成立？
為慧者顯示，但彼妄分別。外道眾迷惑，如瘖及聾瞽，
彼無*起度智，亦無內證法，但隨他語轉，何用分別為？
若妄起分別，不生於密嚴；定者獲等至，及能生此國。
譬如天宮殿，日月及眾星，環繞妙高山，皆由風力轉；

諸法別異住，而別起言說。譬如工幻師，善用於呪術，
*示現種種花，花果實無有；如是佛菩薩，善巧智方便，
世間別異住，別異而變現，說種種教門，誘誨無窮已，
決定真實法，密嚴中顯現。六界與十八，十二處丈夫，
意繩之所牽，有情以流轉。八識諸界處，共起而和合，
從於意繩轉，前身復後身。此流轉丈夫，隨世因示現，
是一切身者，續生無斷絕。六界與丈夫，及以十二處，
十八界意行，說為自在者。

爾時金剛藏，菩薩摩訶薩，說於諸界處，丈夫之義已。
他化清淨宮，摩尼寶藏殿，諸無畏佛子，悉皆稽首禮。
他方佛菩薩，來居此會者，悉皆共同聲，而讚言善哉！
復有諸菩薩，諸天及天女，皆從本座起，合掌一心敬，
遞共相瞻顧，而作如是言：定中上首尊，善為諸菩薩，

說妙丈夫義，遠離外道論。最勝子宣示，六界淨丈夫，
但是諸界合，隨因以流轉。譬如衆飛鳥，空中現其跡；
又如離於木，而火得熾然。空中見鳥跡，離木而有火，
我及諸世間，未曾覩是事。鳥飛以羽翰，空中無有跡，
仁者說丈夫，與鳥跡相似，云何於諸有，得有輪迴義？
而說界丈夫，常流轉生死，受諸苦樂界，所作業無失？
如農夫作業，功必不唐捐，此果成熟已，能生於後果。
身者於身中，而修於善行，前生後生處，恒受人天樂；
或常修福德，資糧為佛因，解脫及諸度，成於無上覺，
生天自在果，觀行見真我。若離趣丈夫，一切悉無有，
於業業果報，所作無虛棄。下從阿鼻獄，上至於諸天，
謂有趣丈夫，流轉於生死。內外諸世間，種現牙生果，
此法似於彼，彼從於此生。若離趣丈夫，得有輪迴者，

如言石女子，　威儀而進退，　兔角有銛利，　從沙而出油。
會中諸菩薩，　諸天及天女，　說如是語已，　供養應供者，
即金剛藏尊，　及諸菩薩衆。　供養事畢已，　同作如是言：
法眼具無缺，　因喻皆莊嚴，　能摧諸異論，　外道諸宗過。
既降伏他已，　顯示於自宗，　是故大勇猛，　宜為速開演，
我等咸願聞，　大慧者應說。
爾時金剛藏，　菩薩摩訶薩，　問諸天殷請，　即時而告言：
汝等諸天人，　一心應諦聽，　此法深難思，　分別不能及，
瑜伽清淨理，　因喻所開敷。　我現於密嚴，　今為汝宣說，
密嚴甚微妙，　定者殊勝處。
爾時金剛藏，　說如是語已，　復告於大樹，　緊那羅王言：
大樹緊那王！　汝應當觀察，　云何諸法性，　性空無所有？
如是見相應，　於定不迷惑。　如飯一粒熟，　餘粒即可知，

諸法亦復然，知一即知彼。譬如攢酪者，嘗之以指端，
如是諸法性，可以一觀察。法性非是有，亦復非是空，
藏識之所變，藏以空為相。
大樹緊那王，即時而問曰：云何心量中，而有界丈夫？
云何生諸界，堅濕及煖動？
爾時金剛藏，菩薩摩訶薩，聞其所說已，而告如是言：
善哉大樹王！能發甚深問，願令修定者，得詣於真實。
我今為汝說，琴師應諦聽。汝昔自他化，與諸眷屬俱，
鼓樂從空來，乘於寶宮殿。如是諸天侶，而同詣佛會，
撫奏妙寶琴，其聲甚和雅。聲聞在會者，各遞相謂言：
我樂見樹王，緊那衆遊戲，及所乘宮殿，妙寶以莊嚴。
汝奏琉璃琴，衆心皆悅動，迦葉聲聞等，不覺起而舞，
由妙音和樂，不能持本心。時天冠菩薩，告迦葉等言：

汝等離欲人，云何而舞戲？是時大迦葉，白彼天冠士：
佛子有大力，譬如毘嵐風，聲聞無定智，如黑山搖動。
雖離惑分別，尚染習氣泥，分證於實際，未斷於諸習，
若捨諸麁重，必當得菩提。汝於微細境，巧慧具諸論，
帝釋世間明，於彼法通達，及緊那羅論，如來清淨理，
善於諸地相，明了而決定。端居寶殿中，眷屬共圍繞，
光明淨嚴好，猶如盛滿月，觀行得自在，處衆能問答，
問我界丈夫，云何從心起？汝及諸佛子，咸應一心聽。
如其諸界內，心名為丈夫，諸界因此生，是義我當說。
津潤生於水，炎盛生於火，動搖諸作業，因斯起風界。
從於色分齊，有虛空及地，識與諸境界，習氣能生身。
眼及諸色等，相狀各不同，此無門作門，諸有恒相續。
時摩尼寶藏，自在之宮殿，持進大菩薩，與諸最勝子，

俱是從座起，稽首而作禮，各持妙供具，供養金剛藏，
覆以寶羅網，同聲而讚佛：聖者善安住，菩薩法雲地，
悟入如來境，應現實難量，能為諸大士，開示佛知見。
時緊那羅王，并諸婇女等，供養而讚嘆：金剛藏無畏！
摩尼寶宮殿，嚴淨勝道場，為我等開演，如來微妙法。

爾時聖者觀自在菩薩摩訶薩、慈氏菩薩摩訶薩、得大勢菩薩摩訶薩、曼殊室利法王子菩薩摩訶薩、神通王菩薩摩訶薩、寶髻菩薩摩訶薩、天冠菩薩摩訶薩、總持王菩薩摩訶薩、一切義成就菩薩摩訶薩，如是等菩薩摩訶薩，及餘無量修勝定者皆是佛子，威德自在決定無畏，善能開示觀行之心，俱從座起互相觀察，*向金剛藏菩薩摩訶薩而說偈言：

金剛自在尊，能示於法眼，諸佛所加護，菩薩皆宗仰，
善達於地相，巧能而建立。佛子大力衆，同心皆勸請，
定王願哀愍，顯示於密嚴，佛及佛子等，甚深奇特事。

此法最清淨，遠離於言說，化佛諸菩薩，昔所未開敷。
自覺智所行，見真無漏界，微妙現法樂，清淨最無比，
具衆三摩地，無量陀羅尼，諸自在解脫，意成身*七種，
殊勝色清淨，照明於法界。善逝不思議，嚴剎亦如是，
佛及諸菩薩，身量如極微，乃至如毛端，百分中之一。
密嚴殊妙剎，諸土中嚴勝，如是觀行者，咸來生此中，
是皆何所因，佛子願宣說？
爾時金剛藏，菩薩摩訶薩，身如師子臆，具三十二相，
以隨好莊嚴，將欲廣開示。觀察彼大會，猶如師子王，
知衆堪聽聞，古先佛祕旨，我今演法眼，離於能所覺。
金剛藏即發，清淨梵音聲，迦陵頻伽聲，廣長舌相聲，
巧妙無麄獷，世間稱歎聲，廣略美暢聲，克諧鍾律聲，
高韻朗徹聲，乾馱羅中聲，雄聲與直聲，罽尸迦哀聲，

歌詠相應聲，急聲及緩聲，深遠和暢聲，一切皆具足，
衆德以相應，聞之而離著，心無有厭倦，一切皆欣樂，
悉能盡通達，所有音聲相，自然而普應，無作無功用。
金剛藏菩薩，口未曾言說，所有諸音聲，但由本願力，
從眉額及頂，鼻端肩與膝，猶如於變化，自然出妙音，
普為諸大衆，開示於法眼。勇猛金剛藏，住於自在宮，
最勝子圍繞，清淨而嚴潔，如鵝王在*池，群鵝而翼從。
大定金剛藏，處於師子座，映蔽於一切，所有修行人，
猶如月在空，光映於列宿。如月與光明，而無有差別，
金剛藏威德，與佛亦復然。
爾時如實見，菩薩之大力，修行中最勝，住於瑜伽道，
即從座而起，觀察大衆言：奇哉大乘法！如來微妙境，
一切佛國中，佛子應頂禮。無思離垢法，諸佛所觀察，

希有甚微*妙，大乘清淨理，非惡覺境界，轉依之妙道。
八種識差別，三自性不同，五法二無我，各各而開示；
五種習所*纏，生諸妄分別。見此微妙法，清淨如真金，
得於真性者，則住佛種性。如來性微妙，離聲聞外道，
密嚴諸剎勝，證者乃能往。尊者金剛藏，已得何等持？
所說淨法眼，是何等持境？
時無量菩薩，復禮金剛藏：大智金剛尊！願為我開演。
住何三摩地，而能說是法？此諸佛子等，一切皆樂聞。
爾時金剛藏，處自在宮殿，觀察於大會，自心而念言：
此法不思議，十力微妙境，由慧之所持，*誰當堪聽受，
已見堪*任者，皆諸佛之子。
即時而告言：汝等當諦聽，我今為汝說，轉依之妙道。
我為諸佛子，他化自在衆，以得三摩地，名大乘*威德，

住於此定中，演清淨法眼。亦見億塵剎，所有諸善逝，
那庾多塵億，在前而讚嘆：善哉汝所說！此是瑜伽道，
我等悉皆行，如是三摩地，於斯得自在，清淨成正覺。
十方一切佛，皆從此定生，當知最殊勝，非思量所及。
若有諸菩薩，得住此定中，即住不思議，諸佛之境界。
證於自智境，見三摩地佛，變化百千億，乃至如微塵。
自覺聖智境，諸佛所安立，此法無諸相，遠離於聲色。
名從於相生，相從因緣起，此二生分別，諸法性如如。
於斯善觀察，是名為正智，名為遍計性，相是依他起，
遠離於名相，是名第一義。藏識住於身，隨處而流轉，
習氣如山積，*染意之所纏。*末那有二門，意識同時起，
五境現前轉，諸識身和合，猶如有我人，住在於身內。
藏識暴流水，境界風所飄，種種識浪生，相續恒無斷。

佛及諸佛子，能知法無我，已得成如來，復為人宣說。
分析於*諸蘊，見人無我性，不知法無我，是說為聲聞。
菩薩所修行，善達二無我，觀已即便捨，不住於實際。
若住於實際，便捨大悲心，功業悉不成，不得成正覺。
希有難思智，普利諸有情，如蓮出淤泥，色相甚嚴潔，
諸天聖人等，見之生愛敬；如是佛菩薩，出於生死泥，
成佛體清淨，諸天所欣仰。從初菩薩位，或作轉輪王，
或主乾闥婆，阿修羅王等。了悟大乘法，獲於如是身，
漸次而修行，決定得成佛，是故諸佛子，宜應一心學。
所有雜染法，及與清淨法，恒於生死中，皆因賴耶轉。
此因勝無比，證實者宣示，非與於能作，自在等相似。
世尊說此識，為除諸習氣，了達於清淨，賴耶不可得；
賴耶若可得，清淨非是常。如來清淨藏，亦名無垢智，

常住無終始，　離四句言說。　佛說如來藏，　以為阿賴耶，
惡慧不能知，　藏即賴耶識；　如來清淨藏，　世間阿賴耶，
如金與指環，　展轉無差別。　譬如巧金師，　以淨好真金，
造作指嚴具，　欲以莊嚴指，　其相異衆物，　說名為指環。
現法樂聖人，　證自覺智境，　功德轉增勝，　自共無能說。
現法諸定者，　了達境唯心，　得於第七地，　悉皆而轉滅。
心識之所緣，　一切外境界，　見種種差別，　無境但唯心。
瓶依等衆幻，　一切皆無有，　心變似彼現，　有能取所取。
譬如星月等，　依須彌運行；　諸識亦復然，　恒依賴耶轉。
賴耶即密嚴，　妙體本清淨，　無心亦無覺，　光潔如真金，
不可得分別，　性與分別離，　體實是圓成，　瑜伽者當見。
意識緣於境，　但縛於愚夫，　聖見悉清淨，　猶如陽焰等。

爾時世尊說是經已，金剛藏等無量菩薩摩訶薩，及從他方來此會者微塵數衆

，聞佛所說，皆大歡喜信受奉行。

大乘密嚴經卷下

南無護法韋馱尊天菩薩

全佛文化圖書出版目錄

佛教小百科系列

□ 佛菩薩的圖像解說1-總論‧佛部	320
□ 佛菩薩的圖像解說2-菩薩部‧觀音部‧明王部	280
□ 密教曼荼羅圖典1-總論‧別尊‧西藏	240
□ 密教曼荼羅圖典2-胎藏界上	300
□ 密教曼荼羅圖典2-胎藏界中	350
□ 密教曼荼羅圖典2-胎藏界下	420
□ 密教曼荼羅圖典3-金剛界上	260
□ 密教曼荼羅圖典3-金剛界下	260
□ 佛教的真言咒語	330
□ 天龍八部	350
□ 觀音寶典	320
□ 財寶本尊與財神	350
□ 消災增福本尊	320
□ 長壽延命本尊	280
□ 智慧才辯本尊	290
□ 令具威德懷愛本尊	280
□ 佛教的手印	290
□ 密教的修法手印-上	350
□ 密教的修法手印-下	390
□ 簡易學梵字(基礎篇)-附CD	250
□ 簡易學梵字(進階篇)-附CD	300
□ 佛教的法器	290
□ 佛教的持物	330
□ 佛教的塔婆	290
□ 中國的佛塔-上	240
□ 中國的佛塔-下	240
□ 西藏著名的寺院與佛塔	330
□ 佛教的動物-上	220
□ 佛教的動物-下	220
□ 佛教的植物-上	220
□ 佛教的植物-下	220
□ 佛教的蓮花	260
□ 佛教的香與香器	280
□ 佛教的神通	290
□ 神通的原理與修持	280
□ 神通感應錄	250
□ 佛教的念珠	220
□ 佛教的宗派	295
□ 佛教的重要經典	290
□ 佛教的重要名詞解說	380
□ 佛教的節慶	260
□ 佛教的護法神	320
□ 佛教的宇宙觀	260
□ 佛教的精靈鬼怪	280
□ 密宗重要名詞解說	290
□ 禪宗的重要名詞解說-上	360
□ 禪宗的重要名詞解說-下	290
□ 佛教的聖地-印度篇	200

佛菩薩經典系列

□ 阿彌陀佛經典	350
□ 藥師佛‧阿閦佛經典	220
□ 普賢菩薩經典	180
□ 文殊菩薩經典	260
□ 觀音菩薩經典	220
□ 地藏菩薩經典	260
□ 彌勒菩薩‧常啼菩薩經典	250
□ 維摩詰菩薩經典	250
□ 虛空藏菩薩經典	350
□ 無盡意菩薩‧無所有菩薩經典	260

佛法常行經典系列

□ 妙法蓮華經	260
□ 悲華經	260
□ 大乘本生心地觀經‧勝鬘經‧如來藏經	200

洪老師禪座教室系列

- ☐ 靜坐-長春.長樂.長效的人生 200
- ☐ 放鬆(附CD) 250
- ☐ 妙定功-超越身心最佳功法(附CD) 260
- ☐ 妙定功VCD 295
- ☐ 睡夢-輕鬆入眠•夢中自在(附CD) 240
- ☐ 沒有敵者-強化身心免疫力的修鍊法(附CD) 280
- ☐ 夢瑜伽-夢中作主.夢中變身 260
- ☐ 如何培養定力-集中心靈的能量 200

禪生活系列

- ☐ 坐禪的原理與方法-坐禪之道 280
- ☐ 以禪養生-呼吸健康法 200
- ☐ 內觀禪法-生活中的禪道 290
- ☐ 禪宗的傳承與參禪方法-禪的世界 260
- ☐ 禪的開悟境界-禪心與禪機 240
- ☐ 禪宗奇才的千古絕唱-永嘉禪師的頓悟 260
- ☐ 禪師的生死藝術-生死禪 240
- ☐ 禪師的開悟故事-開悟禪 260
- ☐ 女禪師的開悟故事(上)-女人禪 220
- ☐ 女禪師的開悟故事(下)-女人禪 260
- ☐ 以禪療心-十六種禪心療法 260

密乘寶海系列

- ☐ 現觀中脈實相成就-開啟中脈實修秘法 290
- ☐ 智慧成就拙火瑜伽 330
- ☐ 蓮師大圓滿教授講記-藏密寧瑪派最高解脫法門 220
- ☐ 密宗的源流-密法內在傳承的密意 240
- ☐ 恒河大手印-傾瓶之灌的帝洛巴恒河大手印 240
- ☐ 岡波巴大手印-大手印導引顯明本體四瑜伽 390
- ☐ 大白傘蓋佛母-息災護佑行法(附CD) 295
- ☐ 密勒日巴大手印-雪山空谷的歌聲，開啟生命智慧之心 480
- ☐ 密宗修行要旨-總攝密法的根本要義 430
- ☐ 密宗成佛心要-今生即身成佛的必備書 240
- ☐ 無死-超越生與死的無死瑜伽 200
- ☐ 孔雀明王行法-摧伏毒害煩惱 260
- ☐ 月輪觀•阿字觀-密教觀想法的重要基礎 350
- ☐ 穢積金剛-滅除一切不淨障礙 290
- ☐ 五輪塔觀-密教建立佛身的根本大法 290
- ☐ 密法總持-密意成就金法總集 650

其他系列

- ☐ 入佛之門-佛法在現代的應用智慧 350
- ☐ 如觀自在-千手觀音與大悲咒的實修心要 650
- ☐ 普賢法身之旅-2004美東弘法紀行 450
- ☐ 神通-佛教神通學大觀 590
- ☐ 認識日本佛教 360
- ☐ 仁波切我有問題-一本關於空的見地、禪修與問答集 240
- ☐ 萬法唯心造-金剛經筆記 230
- ☐ 覺貓悟語 280

禪觀寶海系列

- ☐ 禪觀秘要 1200
- ☐ 首楞嚴三昧-降伏諸魔的大悲勇健三昧 420

高階禪觀系列

- ☐ 通明禪禪觀-迅速開啟六種神通的禪法 200
- ☐ 十種遍一切處禪觀-調練心念出生廣大威力的禪法 280
- ☐ 四諦十六行禪觀-佛陀初轉法輪的殊勝法門 350
- ☐ 三三昧禪觀-證入空、無相、無願三解脫門的禪法 260
- ☐ 大悲如幻三昧禪觀-修行一切菩薩三昧的根本 380
- ☐ 圓覺經二十五輪三昧禪觀-二十五種如來圓覺境界的禪法 400

蓮花生大士全傳系列

- ☐ 蓮花王 320
- ☐ 師子吼聲 320
- ☐ 桑耶大師 320
- ☐ 廣大圓滿 320
- ☐ 無死虹身 320
- ☐ 蓮花生大士祈請文集 280

光明導引系列

- ☐ 阿彌陀經臨終光明導引-臨終救度法 350
- ☐ 送行者之歌(附國台語雙CD) 480

離言叢書系列

- ☐ 解深密經密意 390
- ☐ 如來藏經密意 300
- ☐ 文殊師利二經密意 420
- ☐ 菩提心釋密意 230
- ☐ 龍樹讚歌集密意 490
- ☐ 無邊莊嚴會密意 190
- ☐ 勝鬘師子吼經密意 340
- ☐ 龍樹二論密意 260
- ☐ 大乘密嚴經密意 360
- ☐ 大圓滿直指教授密意 290

甯瑪派叢書-見部系列

- ☐ 九乘次第論集-佛家各部見修差別 380
- ☐ 甯瑪派四部宗義釋 480
- ☐ 辨法法性論及釋論兩種 480
- ☐ 決定寶燈 480
- ☐ 無修佛道-現證自性大圓滿本來面目教授 360
- ☐ 幻化網秘密藏續釋-光明藏 560
- ☐ 善說顯現喜宴-甯瑪派大圓滿教法 650

甯瑪派叢書-修部系列

- ☐ 大圓滿心性休息導引 395
- ☐ 大圓滿前行及讚頌 380
- ☐ 幻化網秘密藏續 480
- ☐ 六中有自解脫導引 520

精選大師系列

- ☐ 遇見•巴楚仁波切-觸動心靈的真心告白 200
- ☐ 大藥-戰勝視一切為真的處方 250

談錫永作品系列

- ☐ 閒話密宗 200
- ☐ 西藏密宗占卜法-妙吉祥占卜法（組合） 790
- ☐ 細説輪迴生死書-上 200
- ☐ 細説輪迴生死書-下 200
- ☐ 西藏密宗百問-修訂版 210
- ☐ 觀世音與大悲咒-修訂版 190
- ☐ 佛家名相 220
- ☐ 密宗名相 220
- ☐ 佛家宗派 220
- ☐ 佛家經論-見修法鬘 180
- ☐ 生與死的禪法 260
- ☐ 細説如來藏 280
- ☐ 如來藏三談 300

大中觀系列

- ☐ 四重緣起深般若-增訂版 420
- ☐ 心經內義與究竟義-印度四大論師釋《心經》 350
- ☐ 聖入無分別總持經對堪及研究 390
- ☐ 《入楞伽經》梵本新譯 320
- ☐ 《寶性論》梵本新譯 320
- ☐ 如來藏論集 330
- ☐ 如來藏二諦見 360
- ☐ 《聖妙吉祥真實名經》梵本校譯 390
- ☐ 《聖妙吉祥真實名經》釋論三種 390
- ☐ 《辨中邊論釋》校疏 400

藏傳佛教叢書系列

- ☐ 章嘉國師(上)-若必多吉傳 260
- ☐ 章嘉國師(下)-若必多吉傳 260
- ☐ 紅史 360
- ☐ 蒙古佛教史 260
- ☐ 西藏生死導引書(上)-揭開生與死的真相 290
- ☐ 西藏生死導引書(下)-六種中陰的實修教授 220
- ☐ 西藏不分教派運動大師 390
- ☐ 西藏-上 360
- ☐ 西藏 下 450

頂果欽哲法王文選

- ☐ 修行百頌-在俗世修行的101個忠告 260
- ☐ 覺醒的勇氣- 阿底峽之修心七要 220
- ☐ 如意寶-上師相應法 260
- ☐ 你可以更慈悲-頂果欽哲法王説明(菩薩37種修行之道) 350
- ☐ 證悟者的心要寶藏-唵嘛呢唄美吽 280
- ☐ 成佛之道-殊勝證悟道前行法 250
- ☐ 明月-頂果欽哲法王自傳與訪談錄 650
- ☐ 頂果欽哲法王傳-西藏精神(百歲紀念版) 650

全套購書85折、單冊購書9折
（郵購請加掛號郵資60元）

全佛文化事業有限公司
新北市新店區民權路95號4樓之1
Buddhall Cultural Enterprise Co.,Ltd.
TEL:886-2-2913-2199
FAX:886-2-2913-3693
匯款帳號：3199717004240
合作金庫銀行大坪林分行
戶名：全佛文化事業有限公司

佛法常行經典系列 8

《解深密經・大乘密嚴經》

主　編　全佛編輯部
出　版　全佛文化事業有限公司
訂購專線：(02)2913-2199
傳真專線：(02)2913-3693
發行專線：(02)2219-0898
匯款帳號：3199717004240 合作金庫銀行大坪林分行
戶　名：全佛文化事業有限公司
E-mail:buddhall@ms7.hinet.net
http://www.buddhall.com
門　市　新北市新店區民權路95號4樓之1（江陵金融大樓）
門市專線：(02)2219-8189
行銷代理　紅螞蟻圖書有限公司
台北市內湖區舊宗路二段121巷19號（紅螞蟻資訊大樓）
電話：(02)2795-3656
傳真：(02)2795-4100

一九九六年十月　初版
二〇一六年十二月　初版四刷
定價新台幣　二〇〇元
ISBN　978-957-9462-48-8（平裝）

國家圖書館出版品預行編目資料

解深密經・大乘密嚴經 / 全佛編輯部主編.
-- 初版. -- 臺北市：全佛文化,
1996 [民85]面；　公分. --
(佛法常行經典系列：8)

ISBN 978-957-9462-48-8(平裝)

1.集經部　2.般若部
221.76　　85011373

Buddhall

Published by BuddhAll Cultural Enterprise Co.,Ltd.

BuddhAll

BuddhAll.